実践！

Word2019
ビジネス活用ドリル

日経BP

はじめに

本書は、企業などで実際に使われているビジネス文書の作成問題をWord 2019を使って解いていくことで、さまざまなビジネス文書の作成能力が身に付く問題集です。完成例はそのままテンプレートとしても利用可能です。

また、Word 2016はWord 2019と機能および操作方法にほとんど違いがないため、Word 2016を使ってほとんどの問題を解くことができます。

問題の種類

・問題は「基礎」と「応用」の2種類に分かれています。基礎問題では、入力例や完成例を参照しながら、手順に沿って問題を解いていきます。応用問題では、文章形式の問題から求められている指示を読み取り、必要な作業を自分で考えて問題を解いていきます。

・解答例は模範解答です。作成した解答が解答例と異なっていても、問題の要求を満たしていれば「正解」です。

所要時間

・1問当たり15分〜30分の実習を想定しています。

解答例の操作手順

・問題を解くうえでさまざまな操作法がある場合は、状況に合わせて効率的な方法を紹介しています。したがって、問題によっては異なった操作法を紹介している場合があります。

編集記号／行番号の表示

・本書では、編集記号を表示した状態で実習を進めます。あらかじめ、[ホーム] タブの ⬚ [編集記号の表示/非表示] ボタンをクリックしてオンにし、編集記号を表示しておいてください。

・本書の問題は、文書内の位置を行数で指示しています。ステータスバーを右クリックし、ショートカットメニューの [行番号] をクリックすると、ステータスバーに行数が表示されるため、効率的に操作を進めることができます。

制作環境

本書は以下の環境で制作・検証しました。

■Windows 10 Pro (日本語版) をセットアップした状態。

※ほかのエディションやバージョンのWindowsでも、Office 2019が動作する環境であれば、ほぼ同じ操作で利用できます。

■Microsoft Office Professional 2019 (日本語デスクトップ版) をセットアップし、Microsoftアカウントでサインインした状態。マウスとキーボードを用いる環境 (マウスモード)。

■画面の解像度を1280×768ピクセルに設定し、ウィンドウを全画面表示にした状態。

※環境によって、リボン内のボタンが誌面と異なる形状で表示される場合があります。

■プリンターをセットアップした状態。

※ご使用のコンピューター、プリンター、セットアップなどの状態によって、画面の表示が本書と異なる場合があります。

表記

・メニュー、コマンド、ボタン、ダイアログボックスなどで画面に表示される文字は、角かっこ（[ ]）で囲んで表記しています。ボタン名の表記がないボタンは、マウスでポイントすると表示されるポップヒントで表記しています。

・入力する文字は「」で囲んで表記しています。

・本書のキー表記は、どの機種にも対応する一般的なキー表記を採用しています。2つのキーの間にプラス記号（＋）がある場合は、それらのキーを同時に押すことを示しています。

実習用データ

実習のために必要なファイルを、以下の方法でダウンロードしてご利用ください。

ダウンロード方法

①以下のサイトにアクセスします。

　https://bookplus.nikkei.com/atcl/catalog/20/P60500/

②「実習用データと練習・総合問題の解答のダウンロード」をクリックします。

③表示されたページにあるそれぞれのダウンロードのリンクをクリックして、適当なフォルダーにダウンロードします。ファイルのダウンロードには日経IDおよび日経BOOKプラスへの登録が必要になります（いずれも登録は無料）。

④ダウンロードしたzip形式の圧縮ファイルを展開すると［ビジネスドリル_Word2019］フォルダーが作成されます。

⑤［ビジネスドリル_Word2019］フォルダーを［ドキュメント］フォルダーなどに移動します。

ダウンロードしたファイルを開くときの注意事項

・インターネット経由でダウンロードしたファイルを開く場合、「注意——インターネットから入手したファイルは、ウイルスに感染している可能性があります。編集する必要がなければ、保護ビューのままにしておくことをお勧めします。」というメッセージバーが表示されることがあります。その場合は、［編集を有効にする］をクリックして操作を進めてください。

・ダウンロードしたzipファイルを右クリックし、ショートカットメニューの［プロパティ］をクリックして、［全般］タブで［ブロックの解除］を行うと、上記のメッセージが表示されなくなります。

・差し込み印刷が設定された完成例ファイルを開いたときにエラーメッセージが表示される場合は、次の方法でデータファイルを指定してください。

①「データベースからのデータが、文書に挿入されます。続行しますか?」というメッセージが表示されたら、［はい］をクリックします。

②開いたファイルと同じフォルダーにあるデータファイルを選択し、［開く］をクリックします。

実習用データの内容

フォルダー名	フォルダー名	内容
［ビジネスドリル_Word2019］	［問題］	問題で使用するファイル（問題ファイル、差し込み印刷のデータファイル、画像ファイルなど）
	［入力例］	必要な文章が入力されたファイル（書式などは未設定）
	［完成例］	模範解答例のファイル

ファイルの保存場所

・本文でファイルを開いたり保存したりするときは、具体的なフォルダーの場所を指示していません。実際に操作するときは、上記［ビジネスドリル_Word2019］フォルダーまたはその内容の移動先を指定してください。

おことわり

本書発行後（2020年4月以降）の機能やサービスの変更により、誌面の通りに表示されなかったり操作できなかったりすることがあります。その場合は適宜別の方法で操作してください。

ビジネス文書の基礎知識

ビジネス文書には社外文書と社内文書があります。問題を解く前にビジネス文書の基本ルールや形式、書き方を理解しておきましょう。

社外文書

社外文書には、案内状やあいさつ状、通知状、依頼状、礼状、祝賀状、わび状といった社交儀礼文書と、見積書、注文書、受領書、請求書、領収書といった業務・取引に伴って発生する文書があります。社外に発信した文書は、お客様や取引先のなかで共有され流通し、証拠として残るため、その内容には会社としての責任があります。また、文章表現や文書形式のルールから外れた文書を提出すると、会社の品格を疑われます。基本ルールを守って、正確、簡潔、わかりやすく書きましょう。

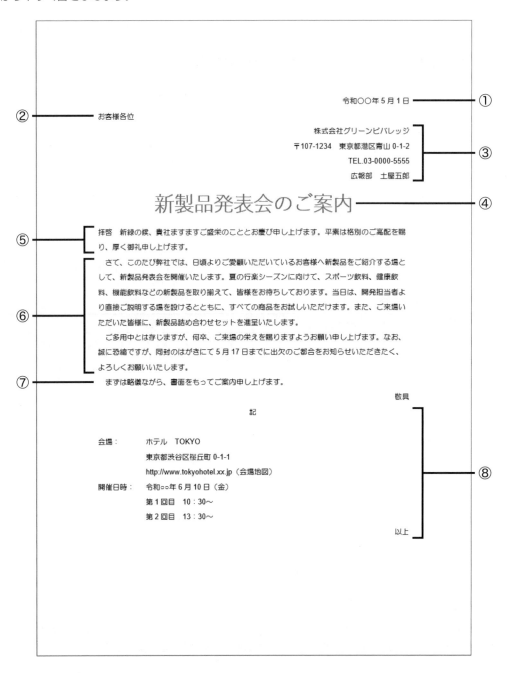

①文書番号、発信日

文書番号は文書を照会する際などに使います。会社によって番号の付け方は異なりますが、たとえば、「広報部の令和○○年5月の3番目の文書」であれば「広報発-R○○-05-003」とするなど、省略のルールを決めると便利です。発信日は和暦でも西暦でもかまいませんが、同一文書内ではいずれかに統一します。

②宛先

発信先の会社名や部署名、肩書、氏名、敬称を左側に記入します。敬称は、宛先が組織や部署の場合は「御中」(例:○×株式会社 御中)、個人の場合は「様」や「先生」(教師、医者、弁護士など)、複数の人の場合は「各位」(例:お客様各位)とします。

③発信者

発信者の会社名や部署名、肩書、氏名を右側に記入します。会社名の下に、会社の住所や電話番号、内線番号を入れる場合もあります。

④文書名

文書の内容がひと目でわかるようなタイトルを付けます(例:「○○のお知らせ」、「○○のお願い」など)。

⑤前文

前文は「頭語-時候のあいさつ-安否のあいさつ-感謝のあいさつ」の順番で記入します。頭語は「拝啓」、「前略」、「謹啓」などがあり、「敬具」、「草々」、「謹白」といった結語と共に使用します。時候のあいさつは、「新緑の候」など季節を表すあいさつです。安否のあいさつは「貴社ますます…お喜び申し上げます」など相手の健康や発展を祝うあいさつです。感謝のあいさつは「平素は…厚く御礼申し上げます」など日頃の付き合いを感謝するあいさつです。

⑥主文(本文)

「さて」、「ところで」などの起こし言葉から始め、用件を記入します。「つきましては」に続いて相手にしてほしいことを記入します。他に用件がある場合は、「なお、○○についてのご返事は○月○日までに…」のように続けます。

⑦末文

締めくくりとなる文章を記入します。「まずはお知らせ申し上げます」、「まずは略儀ながら、書面をもちましてご挨拶申し上げます」など用件を念押し、強調したり、「今後とも、一層の…お願い申し上げます」など今後の取引をお願いしたり、「ご多忙とは存じますが、よろしくお願い申し上げます」と念押しする文章などを記入します。最後に頭語に対応した結語を記入します。

⑧別記

「記」で始まり、最後は「以上」で締めくくります。別記は、箇条書きで記入するなど、簡潔にします。添付資料がある場合にも別記に記入します。補足事項がある場合は、追伸として記入します。

社内文書

社内文書には、社内の業務上の報連相に関わる文書として、報告書、稟議書、申請書、案内状、始末書、アイディアや情報を伝えて意思決定を促す企画書、提案書などがあります。社外文書のような儀礼的な表現（前文や末文）は省略して、用件や結論を正確、簡潔に、わかりやすく表現します。

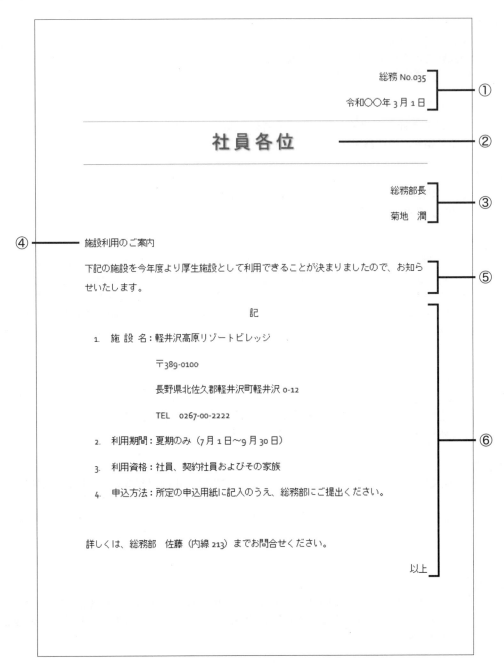

総務 No.035 ── ①

令和○○年 3 月 1 日

社 員 各 位 ── ②

総務部長 ── ③

菊 地 潤

④ ── 施設利用のご案内

下記の施設を今年度より厚生施設として利用できることが決まりましたので、お知ら ── ⑤

せいたします。

記

1. 施 設 名：軽井沢高原リゾートビレッジ

　〒389-0100

　長野県北佐久郡軽井沢町軽井沢 0-12

　TEL　0267-00-2222

2. 利用期間：夏期のみ（7 月 1 日〜9 月 30 日）── ⑥

3. 利用資格：社員、契約社員およびその家族

4. 申込方法：所定の申込用紙に記入のうえ、総務部にご提出ください。

詳しくは、総務部　佐藤（内線 213）までお問合せください。

以上

①文書番号、発信日

文書番号は会社内で決められたルールに従って付けます。文書番号は省略する場合もあります。発信日は和暦または西暦で記入します。

②宛先

社員全員または部署宛の場合は「○○各位」とします。特定の人物に宛てる場合は、部署名、肩書、氏名、敬称を記入します（例：営業部長　山田太郎様）。近年は「殿」という敬称は使用する機会は減っていますが、表彰状など特定の文書では氏名の後に「殿」を付けることがあります（例：山田太郎殿）。

③発信者

発信者の部署名、氏名を記入します。問い合わせ先として内線番号などの連絡先を入れることもあります。

④文書名

文書の内容がひと目でわかるタイトルを付けます。

⑤主文（本文）

社外文書とは違い、前文や末文の儀礼的なあいさつは省略します。用件は5W2H（いつ、どこで、何を、誰が、なぜ、どのように、いくらで）で結論から簡潔に記入します。敬語の使用は、失礼にならない程度に省略します。

⑥別記

複数の用件を箇条書きで記入します。最後は「以上」で終わります。社外文書と同様に、添付資料や追伸があればこちらに記入します。

目次

第 **1** 章

【社外】
社交儀礼

第**1**章

【社外】社交儀礼

社外文書のうち、社交儀礼の文書とは、企業や社会人としての個人が、自社や自分の理念、方針、戦略、あり方を積極的に発信したり、相手との良好な関係を継続的に築いたりするために発信するものです。自社や自分に何らかの変化があった際に、それを取引先に知らせる通知状・あいさつ状・案内状、取引先の変化に対して心配りする祝賀状・お見舞状・弔慰状、取引先との関係構築のための招待状・礼状・紹介状などがあります。マナーに則って、心を込めて、タイムリーに発信しましょう。

Point 1 基本構成に則って書く

●ページで解説したとおり、社外向けのビジネス文書には基本構成があります。特に、社交儀礼文書は、格式を重んじる種類のものが多いので、基本構成に則って書きましょう。文章も、頭語・前文・起語・主文・末文・結語の流れが原則です。

問題 1～9

新製品発表会ご来場御礼および資料送付のお知らせ

拝啓□貴社ますますご盛栄のこととお慶び申し上げます。平素は格別のご高配を賜り、厚く御礼申し上げます。

さて、このたび弊社が開催した新製品発表会におきましては、ご多用中にもかかわらずご来場いただき、誠にありがとうございました。おかげさまで、好評のうちに終了することができました。また、その際にご記入いただいたアンケートにて、詳細資料のご要望をいただき重ねて御礼申し上げます。取り急ぎ、資料一式をお送りいたしますので、ご査収のほどお願いいたします。なお、詳しくは担当営業から改めてご連絡のうえ、ご説明に上がりたいと存じますので、よろしくお願い申し上げます。

今後とも皆様のご期待に沿うべく、社員一同、より一層事業の発展に努める所存でございますので、何卒ご指導ご鞭撻のほどお願い申し上げます。

末筆ながら、貴社のますますのご発展をお祈り申し上げます。

敬具

Point 2 縦書きで改まった印象にする

現在は、社交文書でもA4横書きが一般的ですが、縦書きにすると改まった印象になります。文書番号やタイトルを省き、宛名や発信日は最後に書くのが原則です（宛名は冒頭の場合もあります）。転勤のあいさつ状のように比較的簡易な内容の場合は、葉書で縦書きにしてもよいでしょう。

問題 2　　問題 4　　問題 7　　問題 8

拝啓□陽春の候、貴社ますますご清栄のこととお慶び申し上げます。さて、□□私こと

平素は格別のご高配を賜り、厚く御礼申し上げます。

このたび四月一日付をもちまして、大阪支店に転任を命ぜられ、このほど無事着任いたしました。東京本社在任中は公私ともに多大なご高配をいただき、誠にありがとうございました。

新任地に一日も早く慣れ、決意を新たに業務に専心いたす所存でございますので、ご指導ご鞭撻の程よろしくお願い申し上げます。

まずは略儀ながら、書中をもってご挨拶とさせていただきます。

敬具

令和○○年四月一日

〒五三○─○○○一大阪府大阪市北区梅田○─一─一

電話番号　〇六）二三二二─〇〇〇〇

リッツコンサルティング株式会社□大阪支店

佐藤□義則

Point 3 　フォントや用紙サイズでも印象が変わる

改まった感じを出すには、フォントや用紙サイズを変える方法もあります。通常の文書はA4が一般的ですが、B5縦書きにして行書体など和風なフォントを使用すると、筆書きの書状のような印象になります。あいさつ状・礼状など、文書が短く、格式を重んじる内容の場合に適しています。

問題 4 　問題 8

拝啓□師走の候、貴社ますますご清栄のこととお喜び申し上げます。平素は格別のご高配を賜り、厚く御礼申し上げます。

さて、このたびは結構なお品をありがとうございました。いつもお気づかいをいただき、恐縮に存じます。

心ばかりではございますが、本年中に賜りましたご厚情に、新しい年も引き続きよろしくお願いいたします。

まずは略儀ながら、書中をもって

Point 4 　決まり文句は適度に、心を込めて書く

社交儀礼文書は、シーンごとにおおよそ決まり文句があります。「決意を新たに社業に精励…」「ご多用中とは存じますが…」「万障お繰り合わせのうえ…」「ご指導ご鞭撻…」「まずは略儀ながら書中をもって…」などがそれです。決まり文句を並べれば、ある程度失礼のない文書に仕上がりますが、相手のことを思って心を込めた一言があるとよりよいでしょう。

問題 3

IROHANI・CUP 開催のご案内

拝啓□残暑の候、貴社ますますご盛栄のこととお慶び申し上げます。
平素は格別のご高配を賜り、厚く御礼申し上げます。
　さて、このたび弊社では、日ごろご愛顧いただいているお客様への感謝を込めて、ゴルフコンペ「IROHANI CUP」を開催いたします。例年、多くの経営層の皆さまにご参加をいただき、お客様同士のご交流の場としても大変ご評価をいただいております。自然のなかで、心安らぐ一日をお過ごしいただけたら幸いに存じます。ご多用中とは存じますが、何卒ご参加いただきますようご検討お願い申し上げます。
　なお、大変お手数ですが、ご出欠の趣を9月10日までに同封のはがき、または、担当営業までご通知お願いいたします。ご不明の点などございましたら、下記担当者までお問い合わせください。
　まずは略儀ながら、書中をもってご案内申し上げます。

敬具

通知状（本社移転）

本社の移転と新住所をお知らせする通知状を作成しましょう。

■入力例■

令和〇〇年3月1日

お客様各位

ABCシステムソリューションズ株式会社

代表取締役社長□田上和則

本社移転のお知らせ

拝啓□早春の候、貴社いよいよご清栄のこととお慶び申し上げます。

平素は格別のご高配を賜り、厚く御礼申し上げます。

さて、このたび、弊社では業務拡張ならびに人員の増大に伴い、本社を下記に移転し、令和
〇〇年4月10日より新オフィスでの営業を開始いたします。

これを機に、社員一同、心を新たにして社業に精励し、皆様のご期待に沿うよう努力する所
存でございますので、今後ともご支援ご鞭撻のほど、お願い申し上げます。

まずは略儀ながら、書中をもってご挨拶申し上げます。

敬具

記

新本社概要

郵便番号：□〒100-0001

所在地：□東京都千代田区千代田0-1-2

電話番号：□03-0000-1234

FAX番号：□03-000-5678

移転日：□令和〇〇年4月10日

営業時間：□9：00～18：00

以上

文書を新規作成し、入力例を参考に文章を入力しましょう。

> 「〒」は「ゆうびん」と入力して変換します。
> 「拝啓」と入力し、スペースまたは改行を入力すると、「敬具」が右端に挿入されます。
> ［挿入］タブの［あいさつ文］ボタンで定型のあいさつ文を挿入できます。

1. スタイルセットを［白黒（クラシック）］に設定しましょう。

2. すべての行の段落後の間隔を0行にして、［1ページの行数を指定時に文字を行グリッド線に合わせる］のチェックを外しましょう。

3. 1、3、4行目の段落を右揃えにしましょう。

4. 5行目の「本社移転のお知らせ」にスタイル［見出し1］を設定し、中央揃えにしましょう。

5. 8～12行目の「さて、～ご挨拶申し上げます。」の段落に1字分の字下げインデントを設定しましょう。

6. 17～22行目の段落に2文字分のインデントと箇条書き（■）を設定しましょう。

7. 17～22行目の「郵便番号」、「所在地」、「電話番号」、「FAX番号」、「移転日」、「営業時間」の文字列に5字分の均等割り付けを設定しましょう。

「問題01-2W」という名前で保存しましょう。

令和○○年3月1日

お客様各位

ABCシステムソリューションズ株式会社
代表取締役社長□出上和則

本社移転のお知らせ

拝啓□早春の候、貴社いよいよご清栄のこととお慶び申し上げます。

平素は格別のご高配を賜り、厚く御礼申し上げます。

さて、このたび、弊社では業務拡張ならびに人員の増大に伴い、本社を下記に移転し、令和○○年4月10日より新オフィスでの営業を開始いたします。

これを機に、社員一同、心を新たにして社業に精励し、皆様のご期待に沿うよう努力する所存でございますので、今後ともご支援ご鞭撻のほど、お願い申し上げます。

まずは略儀ながら、書中をもってご挨拶申し上げます。

敬具

記

新本社概要

- ■→郵便番号：□〒100-0001
- ■→所　在　地：□東京都千代田区千代田0-1-2
- ■→電話番号：□03-0000-1234
- ■→FAX番号：□03-000-5678
- ■→移　転　日：□令和○○年4月10日
- ■→営業時間：□9：00～18：00

以上

「本社移転」のように何かを通知する目的のあいさつ状の場合、知らせたい情報を箇条書きで整理するとわかりやすくなります。

宛名の敬称は、個人には「様」、団体や会社には「御中」、多人数には「各位」を付けます。

「拝啓」と入力してスペースキーを押すと、標準の設定では自動的に「敬具」が右揃えで挿入されるので、「拝啓」と「敬具」の間に文章を記述します。時候のあいさつは、頭語の後を1字分空けて、改行せずに続けて記述します。「○○の候」の部分は、月によって表現が異なります。文書の発行日として記載する日によって、適切な表現を選びましょう。[挿入]タブの[あいさつ文]ボタンの[あいさつ文の挿入]をクリックして表示される[あいさつ文]ダイアログボックスから選んで挿入できます。「○○の候」のかわりに「時下」とする表現は、月に関係なく一年中使えますが、月に合わせた表現を使ったほうが丁寧です。

「記」と入力して改行すると、標準の設定では自動的に「以上」が右揃えで挿入されるので、「記」と「以上」の間に情報を箇条書きで整理して記述します。

| 基礎問題 | **2** | **あいさつ状（転勤あいさつはがき）** |

2 お世話になった方に転勤を知らせ、感謝を伝えるあいさつ状を作成しましょう。

■宛名面■

1. はがき宛名面印刷ウィザードを利用して、次の設定ではがきの宛名面を作成しましょう。

はがきの種類	通常はがき
様式	縦書き
フォント	MS明朝
差出人情報	印刷しない
宛名の敬称	様

2. はがきの宛名として次のデータを住所録ファイルに登録しましょう。

> 107-0052
> 東京都港区赤坂9-0-0
> いろはにコンサルティング株式会社
> 営業本部　第一営業部
> 大場　誠

数字を半角で入力すると、縦書きの場合は漢数字に変換されます。

3. 「問題02-2W（宛名）」という名前で保存し、ファイルを閉じましょう。

■文面■

4. はがき文面を作成するために文書を新規作成しましょう。

5. 次のようにページ設定をしましょう。

用紙サイズ	はがき（幅100mm　高さ148mm）
文字方向	縦書き
印刷の向き	縦
余白	上下15mm　左右10mm
行数	14行

6. フォントをMS明朝に変更してから完成例を参考に文章を入力しましょう。2行目の「さて、私こと」が行末になるようにスペースを挿入し、6～8行目の段落に1字分の字下げインデントを設定して、11～14行目の段落は下揃えにしましょう。

「問題02-2W（文面）」という名前で保存しましょう。

■完成例（宛名面）■　　　　　　　■完成例（文面）■

宛名面：

郵便はがき

1 0 7 0 0 5 2

↓大場□誠様↑

東京都港区赤坂九○─○↑

いろはにコンサルティング株式会社↑

営業部□第一営業部↑

文面：

拝啓□陽春の候、貴社ますますご清栄のこととお慶び申し上げます。

平素は格別のご高配を賜り、厚く御礼申し上げます。さて、□私こと↑

このたび四月一日付をもちまして、大阪支店に転任を命ぜられ、このほ

ど無事着任いたしました。東京本社在任中は公私ともに多大なご高配を

いただき、誠にありがとうございました。↑

新任地に一日も早く慣れ、決意を新たに業務に専心いたす所存でござ

いますので、ご指導ご鞭撻の程よろしくお願い申し上げます。↑

まずは略儀ながら、書中をもってご挨拶とさせていただきます。↑

敬具↑

令和○○年四月一日↑

〒五三○─○○○一□大阪府大阪市北区梅田○─一一一

電話番号（○六）二二二二─○○○○↑

リッツコンサルティング株式会社□大阪支店↑

佐藤□義則↑

この例のようなあいさつ状では、「さて、私こと」という自分を表す言葉は行の下側になるようにします。逆に、相手側を表す言葉を行の終わりに記述するのは失礼になるため、文章を調節して行頭に配置するようにします。

基礎 問題 3 招待状（ゴルフ大会の招待）

日ごろお世話になっているお客様へのゴルフ大会の招待状を作成しましょう。

■入力例■

○○○○年8月吉日
ドレミファ製造株式会社
代表取締役社長□藤井□渡様
いろはにコンサルティング株式会社
代表取締役社長□河村冬樹
IROHANI CUP 開催のご案内
拝啓□残暑の候、貴社ますますご盛栄のこととお慶び申し上げます。
平素は格別のご高配を賜り、厚く御礼申し上げます。
さて、このたび弊社では、日ごろご愛顧いただいているお客様への感謝を込めて、ゴルフコンペ「IROHANI CUP」を開催いたします。例年、多くの経営層の皆さまにご参加をいただき、お客様同士のご交流の場としても大変ご評価をいただいております。自然のなかで、心安らぐ一日をお過ごしいただけたら幸いに存じます。ご多用中とは存じますが、何卒ご参加いただきますようご検討お願い申し上げます。
なお、大変お手数ですが、ご出欠の趣を9月10日までに同封のはがき、または、担当営業までご通知お願いいたします。ご不明の点などございましたら、下記担当者までお問い合わせください。
まずは略儀ながら、書中をもってご案内申し上げます。

敬具

記

日時：→10月10日
　　→　コンペ□9:00 開始、懇親会□17:00 開始予定
場所：→IROHANI カントリークラブ（別紙地図参照）
予定人数：　→　約100名様
備考：→若手女子プロゴルファーによるミニレッスンコーナー有
お問合せ先：　→　いろはにコンサルティング株式会社
　　→　総務部□□相沢武司
　　→　03-1234-5678

以上

文書を新規作成し、入力例を参考に文章を入力しましょう。

1. スタイルセットを［基本（シンプル）］に設定しましょう。

2. すべての文字の日本語用と英数字用のフォントをMSPゴシックに設定しましょう。

3. すべての行の段落後の間隔を0行にしましょう。

4. 1、4、5行目の段落を右揃えにしましょう。

5. 6行目の「IROHANI CUP開催のご案内」にスタイル［表題］を設定し、太字、中央揃えにしましょう。

6. 9～16行目の「さて、～ご案内申し上げます。」の段落に1字分の字下げインデントを設定しましょう。

7. 18行目の「記」の段落前と段落後の間隔を0.5行にしましょう。

8. 19～26行目の8字の位置に左揃えタブを設定しましょう。

9. テーマの色を［緑］に設定しましょう。

10. 文書全体に色［緑、アクセント1］、二重線のページ罫線を設定しましょう。

「問題03-2W」という名前で保存しましょう。

■完成例■

〇〇〇〇年8月吉日

ドレミファ製造株式会社
代表取締役社長□藤井□渡様

いろはにコンサルティング株式会社
代表取締役社長□河村冬樹

IROHANI・CUP 開催のご案内

拝啓□残暑の候、貴社ますますご盛栄のこととお慶び申し上げます。

平素は格別のご高配を賜り、厚く御礼申し上げます。

さて、このたび弊社では、日ごろご愛顧いただいているお客様への感謝を込めて、ゴルフコンペ「IROHANI CUP」を開催いたします。例年、多くの経営層の皆さまにご参加をいただき、お客様同士のご交流の場としても大変ご評価をいただいております。自然のなかで、心安らぐ一日をお過ごしいただけたら幸いに存じます。ご多用中とは存じますが、何卒ご参加いただきますようご検討お願い申し上げます。

なお、大変お手数ですが、ご出欠の趣を9月10日までに同封のはがき、または、担当営業までご通知お願いいたします。ご不明の点などございましたら、下記担当者までお問い合わせください。

まずは略儀ながら、書中をもってご案内申し上げます。

敬具

記

日時：	→	10月10日
	→	コンペ□9:00 開始、懇親会□17:00 開始予定
場所：	→	IROHANI カントリークラブ（別紙地図参照）
予定人数：	→	約100名様
備考：	→	若手女子プロゴルファーによるミニレッスンコーナー有
お問合せ先：	→	いろはにコンサルティング株式会社
	→	総務部□□相沢武司
	→	03-1234-5678

以上

業務や取引とはやや離れた内容であっても、大切なお客様の経営層向けのご案内であれば、品位を保ってフォーマルな印象にまとめるとよいでしょう。イラストを入れたり、派手なデザインにしたりすると、ちらしのような印象になって、経営層向けの招待状としては軽く見える恐れがあります。

この例では、表題に飾りをつける程度のシンプルですっきりしたデザインにして、テーマの色を緑にすることで「ゴルフ大会」という内容に合わせています。

基礎 問題 4 礼状（お歳暮）

お客様からいただいたお歳暮へのお礼状を作成しましょう。

■入力例■

拝啓□師走の候、貴社ますますご盛栄のこととお慶び申し上げます。平素は格別のご高配を
賜り、厚く御礼申し上げます。↵

↵

さて、このたびは結構なお品をご恵贈いただき、誠にありがとうございました。いつも変わ
らぬお心配り、感謝申し上げます。本年中に賜りましたご厚情に深謝いたしますとともに、
新しい年も引き続き、ご支援、ご鞭撻よろしくお願いいたします。↵
まずは略儀ながら、書中をもって御礼申し上げます。↵

↵

　　　　　　　　　　　　　　　　　　　　　　　　　　　　　　　　敬具↵

↵

令和○○年十二月○日↵

いろは工業株式会社↵
代表取締役社長□大平貴之↵

エービーシー情報サービス株式会社↵
営業本部↵
本部長□堀上篤志様↵

文書を新規作成し、入力例を参考に文章を入力しましょう。

1. 文字列の方向を縦書きに設定しましょう。

2. ページの上下の余白を30mm、左右の余白を40mmに設定しましょう。

3. 用紙サイズをB5に設定しましょう。

4. すべての文字の日本語用のフォントをHGS行書体にし、フォントサイズを14ポイントに設定しましょう。

5. すべての行の［1ページの行数を指定時に文字をグリッド線に合わせる］のチェックを外しましょう。

6. 16、17行目の段落を下揃えにしましょう。

7. 5〜10行目の「さて、〜御礼申し上げます。」の段落に1字分の字下げインデントを設定しましょう。

「問題04-2W」という名前で保存しましょう。

拝啓□師走の候、貴社ますますご盛栄のこととお慶び申し上げます。手素は格別のご高配を賜り、厚く御礼申し上げます。

さて、このたびは結構なお品をご恵贈いただき、誠にありがとうございました。いつも変わらぬお心配り、感謝申し上げます。本年中に賜りましたご厚情に深謝いたしますとともに、新しい年も引き続き、ご支援、ご鞭撻よろしくお願いいたします。

まずは略儀ながら、書中をもって御礼申し上げます。

敬具

令和○○年十二月○日

いろは工業株式会社
代表取締役社長□大平貴之

エービーシー情報サービス株式会社
営業本部
本部長□堀上萬志様

お中元やお歳暮をいただいたら、文面は簡単でよいので必ずお礼状を出しましょう。確かに受領したという通知の役割もあります。用紙サイズはA4でもかまいませんが、文面が短い場合は、B5にすると空白部分が少なくなります。B5用紙は、定形封筒の長形4号（90mm×205mm）に三つ折り（または四つ折り）にして入れることができます。

本来であれば、こうしたお礼状は手書きで書くのが最も丁寧ですが、多数作成する場合はすべて手書きで書くのは難しいでしょう。発信者の氏名の部分だけ入力するのをやめて、手書きで署名すると、すべて印刷にするよりは丁寧な印象になります。

この例では、改まった感じを出すために、フォントをHGS行書体にして縦書きにしています。行書体のイメージに合うように、印刷するときに和紙などの材質の用紙を使ってもよいでしょう。

応用 問題 5 案内状（新製品発表会）

新製品発表会の案内状を作成しましょう。

お客様を招いて新製品の発表会を開催することになりました。新規文書を作成し、次の条件を満たすように案内状を作成しましょう。

■次の内容は必ず盛り込みましょう。

発信日	令和○○年5月1日
宛先	お客様全員
発信者	株式会社グリーンビバレッジ　広報部　土屋五郎
	〒107-1234　東京都港区青山0-1-2
	TEL.03-0000-5555
会場	ホテル　TOKYO
	東京都渋谷区桜丘町0-1-1
	http://www.tokyohotel.xx.jp（会場地図）
開催日時	平成○○年6月7日（金）
	第1回目　10：30～
	第2回目　13：30～
出欠の返事	同封のはがきで5月17日までに知らせること
特典	参加者全員に新製品の詰め合わせセットを贈呈すること
新製品の種類	健康飲料、スポーツ飲料、機能飲料
発表会の特徴	すべての商品を試すことができる
	開発担当者から直接説明を聞く時間がある。

・A4用紙1枚に収まるようにしましょう。
・宛先には適切な敬称を付けましょう。
・内容に適したタイトルを付け、目立つように書式を設定しましょう。
・あいさつ文、発表会を開催する旨、新製品の種類、どのような発表会か、参加を促す文章を考えて入れましょう。
・見やすいように書式や配置を工夫しましょう。

「問題05-2W」という名前で保存しましょう。

案内状（株主総会）

株主総会のお知らせと参加をお願いする案内状を作成しましょう。

定期株主総会開催にあたり、例年どおり、株主の皆様に開催を知らせて参加をお願いすることになりました。新規文書を作成し、次の条件を満たすように案内状を作成しましょう。

■次の内容は必ず盛り込みましょう。

発信日	令和〇〇年6月1日
宛先	株主全員
発信者	いろはにコンサルティング株式会社
代表取締役社長	河村冬樹
日時	令和〇〇年6月15日（水）午後1時〜3時
場所	東京都港区赤坂9-0-0にある本社で開催する
報告事項	第〇期　営業報告書、貸借対照表、損益計算書報告の件
決議事項	第1号議案　第〇期利益処分案承認の件
	第2号議案　取締役2名選任の件
	第3号議案　監査役1名選任の件
内容	第〇回定時株主総会を開催するのでぜひ参加してほしい。本議案中には定足数の出席を必要とする議案があるので、当日欠席の場合は、総会資料を読んで、同封の委任状に必要事項を記入、押印のうえ、令和〇年6月〇日までに返送してほしい。

・A4用紙1枚に収まるようにしましょう。
・宛先には適切な敬称を付けましょう。
・内容に適したタイトルを付け、目立つように書式を設定しましょう。
・あいさつ文、株主総会を開催する旨と出席を促す文章、欠席の場合の注意事項を説明する文章を考えて入れましょう。
・見やすいように書式や配置を工夫しましょう。

「問題06-2W」という名前で保存しましょう。

応用問題 7 通知状（営業所統合）

営業所の統合をお知らせする通知状を作成しましょう。

業務見直しのため、営業所が本社に統合されることになりました。新規文書を作成し、次の条件を満たすように通知状を作成しましょう。

■次の内容は必ず盛り込みましょう。

発信日	令和〇〇年11月1日
宛先	Excelファイル「得意先データ」の会社名を差し込み印刷する
発信者	株式会社 加藤電機　代表取締役　加藤　剛志
統合日	12月1日
内容	業務見直しのため中野営業所が本社に統合される。 中野営業所は昭和63年開設した。統合後の業務は本社で引き継ぎを行う。

・B5用紙横1枚に収まるようにし、縦書きで作成しましょう。
・宛先には適切な敬称を付け、Excelファイル「得意先データ」から「会社名」のフィールドの差し込み印刷を行いましょう。
・内容に適したタイトルを付け、目立つように書式を設定しましょう。
・あいさつ文、営業所が統合する旨、統合後の業務の引き継ぎなどの文章を考えて入れましょう。
・見やすいよう書式や配置を工夫しましょう。

「問題07-2W」という名前で保存しましょう。

・あらたまった文書は縦書きにすると重みがでます。
・発信年月日、受信者名、発信者名は横書きでは前に入力しますが、縦書きでは後に入力します。
・営業所統合の通知状には統合の理由を述べます。業務の引き継ぎ先を明確にし、確実なフォローを明示しましょう。

応用問題 8 あいさつ状（転職）

今までお世話になった方に転職を伝えるあいさつ状を作成しましょう。

会社を退職し、別の会社に転職をすることになりました。新規文書を作成し、次の条件を満たすようにあいさつ状を作成しましょう。

■次の内容は必ず盛り込みましょう。

発信日	令和○○年6月吉日
宛先	Excelファイル「得意先一覧」の顧客名を差し込み印刷する
発信者	〒150-3456　東京都渋谷区恵比寿北0-1-2
	株式会社　博光堂　営業部　川田和弘
退職日	6月30日
勤続年数	8年
転職先	東西広告株式会社　営業部
後任の担当者	営業部　緒方
今後の連絡先	〒160-0022　東京都新宿区新宿0-1-1　東西広告ビル3階
	電話　03-0123-4567

・B5用紙横1枚に収まるようにし、縦書きで作成しましょう。
・あいさつ文、退職する旨、今までお世話になったことへの感謝、今後の予定、新転地での意気込み、後任を紹介する文章を考えて入れましょう。
・文末に縦書きのテキストボックスを作成し、今後の連絡先を入力しましょう。

「問題08-2W」という名前で保存しましょう。

> あいさつ状は、社外文書の中でも特に礼儀正しく書くように心がけましょう。形式は必ず縦書きにします。転職のあいさつ状では、「① お世話になったお礼」、「② 今後の予定と抱負」、「③ 引継ぎの新担当者名」、「④ 転職先の連絡先」の順で書きます。　転職や退職のあいさつなど個人として出す文書には、タイトルを付けないのが一般的です。

礼状（新商品発表会来場）

新製品発表会の参加者へのお礼と資料送付を知らせる礼状を作成しましょう。

新製品発表会に参加されたお客様に礼状を送ることになりました。単なるお礼にとどまらず、商談につなげるように、アンケートに答えて資料請求をいただいたお客様を対象に、お礼と共に資料を送付します。新規文書を作成し、次の条件を満たすように礼状を作成しましょう。

■次の内容は必ず盛り込みましょう。

発信日	令和〇〇年4月10日
宛先	Excelファイル「資料請求顧客一覧」の会社名、部署名、顧客名
発信者	株式会社いろはフーズ　代表取締役社長　井坂将吾
タイトル	新製品発表会ご来場御礼および資料送付のお知らせ
同封	パンフレット　　1部
	前バージョン製品との機能比較資料　　　1部
	品質テスト結果資料　　1部

・A4用紙1枚に収まるようにしましょう。
・宛先には、Excelファイル「資料請求顧客一覧」の「会社名」、「部署名」、「顧客名」を差し込みましょう。
・「顧客名」には適切な敬称を付けましょう。
・内容に適したタイトルを付け、目立つように書式を設定しましょう。
・あいさつ文、参加のお礼、アンケートによる資料請求へのお礼、資料送付のお知らせ、担当営業から連絡して詳細説明に伺うことをお願いする文章、今後の抱負や取引をお願いする文章、お客様の発展を祈る文章を考えて入れましょう。
・最後に、同封する資料のリストを明記しましょう。
・見やすいように書式や配置を工夫しましょう。

「問題09-2W」という名前で保存しましょう。

新製品発表会のように営業活動の一環として行っているイベントでは、単なる来場への礼状にとどまらず、次の商談につなげる工夫をプラスしましょう。営業がお客様を訪問するきっかけを作るのが大切です。例えば、アンケートで資料請求をしているなら必ずフォローします。資料を同封する場合は、何が何部あるのか、リストを明記します。

第2章

【社外】
業務・取引

第2章

【社外】 業務・取引

社外文書のうち、社交儀礼文書以外は、実際の業務に伴って発生する文書、取引に伴って発生する文書です。取引先へ情報を伝えて理解してもらったり、こちらが意図する行動を起こしてもらったりするために作成します。業務に関わる情報伝達を行う通知状、何らかの新たな行動を促す依頼状・提案書・企画書、取引に関わる情報伝達を行う見積書・注文書・納品書・請求書・領収書などがあります。これらの多くは、見栄えに凝ることよりも、正確でわかりやすいことが第一であり、敬語表現など基本マナーに配慮しながらも、簡潔に記載してよい文書です。なお、このなかで提案書・企画書は、特に重要な文書なので、第4章で別途取り上げます。

Point 1 お客様への通知はコミュニケーション機会

お客様向けの通知状は、大切なコミュニケーション機会です。事務的に情報を伝達するだけでなく、企業イメージを反映したデザインで、お客様にとって有益な情報をわかりやすく伝えることで、イメージ向上にもつながります。

問題 10

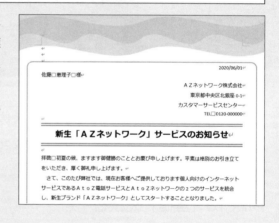

Point 2 箇条書きや表形式で簡潔に書く

業務や取引にかかわる文書は、社外向けでも、簡潔に整理して伝えます。文字情報を整理するなら箇条書き、文字でも数値でも使えるのが表形式です。数値計算が必要な場合はExcelシートで作成したほうが多機能ですが、簡単な計算ならWord内でもできます。

問題 11　問題 13　問題 16　問題 17

問題 18　問題 19　問題 20　問題 21

Point 3 　定型業務はフォームを標準化する

見積書・注文書・納品書・請求書・領収書など取引に伴って必ず作成する文書や、月報・週報・出張報告書など繰り返し作成される報告書は、記載する項目もほぼ一定です。定型業務なら、フォームを標準化すれば効率的に作成でき、保管時の検索性も高まります。

問題 12　**問題 13**　**問題 14**　**問題 17**

問題 18　**問題 19**

Point 4 　差し込み印刷で複数の宛先へ

第1章でも使用している差し込み印刷機能は、複数の宛先に同じ文書を送付するときに便利です。Excelで作成した送付先リストがあれば、宛先の会社名・所属名・氏名・住所・電話番号など、手作業で記入せずに自動的にWord文書に挿入して印刷できます。宛名ラベル作成にも活用できます。

問題 10　**問題 22**

通知状（サービス内容変更）

お客様情報の変更をお知らせする通知状を作成しましょう。

■入力例■

2020/06/01

　　　　　様

ＡＺネットワーク株式会社

東京都中央区北銀座 0-1

カスタマーサービスセンター

TEL　0120-000000

新生「ＡＺネットワーク」サービスのお知らせ

拝啓　初夏の候、ますます御健勝のこととお慶び申し上げます。平素は格別のお引き立てをいただき、厚く御礼申し上げます。

さて、このたび弊社では、現在お客様へご提供しております個人向けのインターネットサービスであるＡｔｏＺ電話サービスとＡｔｏＺネットワークの２つのサービスを統合し、新生ブランド「ＡＺネットワーク」としてスタートすることとなりました。

つきましては、ＡｔｏＺ電話サービスをご利用中のお客様へ、別紙のとおり新たなお客様ＩＤを発行いたします。今後は新しいＩＤをお使いくださいますようお願い申し上げます。なお、初期パスワードはお早めに変更の手続きをお願いいたします。お客様ＩＤ、パスワード等の重要な個人情報は、大切に保管してくださいますよう、重ねてお願い申し上げます。

今後も、ますますお客様のお役に立つサービスのご提供に努めてまいりますので、変わらぬご愛顧をお願い申し上げます。

敬具

---

1. 文書をテンプレート「問題10」から新規作成しましょう。

2. 2行目の［日付を選択］コンテンツコントロールで6月1日を選択しましょう。

3. 入力例を参考に1ページ目の文章を入力しましょう。

4. 1ページ目に次の書式を設定しましょう。

6～9行目	右揃え
11行目	20ポイント、太字、中央揃え、 ［オレンジ、アクセント2］、3ポイント、二重線の段落罫線を上下に引く
15～24行目	1字分の字下げインデント

5. 最終行26行目に改ページを挿入しましょう。

6. 2ページ目の1行目にファイル「お客様ID通知書」を挿入しましょう。

7. 2ページ目に次の書式を設定しましょう。

1行目	20ポイント、太字、中央揃え、 [オレンジ、アクセント2]、3ポイント、二重線の段落罫線を上下に引く （1ページ目11行目と同じ設定にする）
6、13、21 ～ 23行目の表	スタイル［グリッド（表）6カラフル-アクセント2］、中央揃え
21 ～ 23行目の表	塗りつぶし［オレンジ、アクセント2、白＋基本色80％］
5行目の「新発行ID」	太字
12、15、20行目	太字

8. 1ページ目と2ページ目に次の設定で差し込み印刷を設定しましょう。

データファイル	Excelファイル「顧客データ」
1ページ目の5行目、2ページ目の3行目	［顧客名］フィールド
2ページ目の1番目の表の2列目	［ログインID］フィールド
2ページ目の1番目の表の4列目	［パスワード］フィールド
2ページ目の2番目の表	［メールアドレス］フィールド

「問題10-2W」という名前で保存しましょう。

■完成例■ 1ページ目　　　　　　　　　　2ページ目

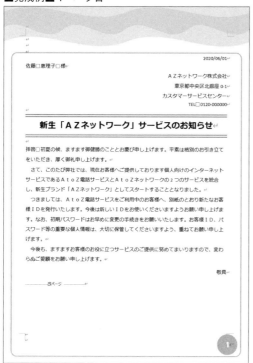
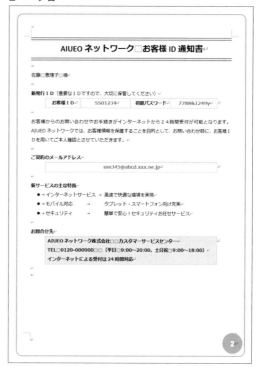

通知状（商品価格改定）

商品の価格改定をお知らせする通知状を作成しましょう。

■入力例■

```
令和○○年6月1日
お取引先 各位
株式会社 Blue Hill

商品価格改定のお知らせ

拝啓□梅雨の候、貴社いよいよご清栄のこととお慶び申し上げます。平素は格別のお引き立
てをいただき、厚く御礼申し上げます。
さて、誠に不本意ではございますが、一部原料価格の値上げと諸般の事情により下記商品
の価格を改定させていただくことになりました。
今後とも、社員一同、品質向上とお客様に喜ばれる商品開発に努力する所存です。
何卒諸事情をご賢察の上、ご理解とお力添えを賜りますようお願い申し上げます。
                                                              敬具
                        記
1.  →   対象商品及び価格

2.  →   価格改定の実施時期□令和○○年7月1日9時受注分より

                                                              以上
```

文書を新規作成しましょう。

1. 行数を22行にしましょう。

2. 入力例を参考に文章を入力しましょう。

3. すべての行をMSP明朝、12ポイントに設定しましょう。

4. 1、3行目の段落を右揃えにしましょう。

5. 5行目の「商品価格改定のお知らせ」にMSPゴシック、14ポイント、太字、中央揃えを
設定し、完成例を参考に1.5ポイントの段落罫線を設定しましょう。

6. 9～12行目の「さて、誠に～お願い申し上げます。」の段落に1字分の字下げインデント
を設定しましょう。

7. 15行目の「対象商品及び価格」と17行目の「価格改定の実施時期　令和○○年7月1日
9時受注分より」を太字にしましょう。

8. 16行目に2行4列の表を作成し、完成例を参考に文字を入力しましょう。

9. 表にスタイル［グリッド（表）4-アクセント1］（上から4行目の左から2列目）を設定しま
しょう。

10. 表内の文字を中央揃えにしましょう。

「問題11-2W」という名前で保存しましょう。

令和○○年6月1日

お取引先各位

株式会社 Blue Hill

商品価格改定のお知らせ

拝啓　梅雨の候、貴社いよいよご清栄のこととお慶び申し上げます。平素は格別のお引き立てをいただき、厚く御礼申し上げます。

　さて、誠に不本意ではございますが、一部原材料価格の値上げと諸般の事情により下記商品の価格を改定させていただくことになりました。

　今後とも、社員一同、品質向上とお客様に喜ばれる商品開発に努力する所存です。

　何卒諸事情をご賢察の上、ご理解とお力添えを賜りますようお願い申し上げます。

敬具

記

1. → 対象商品及び価格

商品コード	商品名	税込旧価格	税込新価格
0202	メタボ・Zero	7,500 円	7,800 円

2. → 価格改定の実施時期　令和○○年7月1日9時受注分より

以上

FAX 送付状

Word のテンプレートを利用して FAX 送付状を作成しましょう。

1. 文書をテンプレート [Faxイラスト1] から新規作成しましょう。

2. 2行目の段落を右揃えにし、5行改行しましょう。

3. クリップアートを画像ファイル「ロゴ」に変更し、図の高さを13mm、配置を右揃えに設定しましょう。

4. 2 〜 6行目に完成例を参考に文字を入力し、段落に1文字分の右インデントを設定しましょう。

5. 完成例を参考に [送付先] 〜 [送付枚数] までの内容を入力し、要件の「注文書送付の件」のフォントサイズを14ポイントにしましょう。

6. 完成例を参考に、連絡事項の文章を入力しましょう。

「問題12-2W」という名前で保存しましょう。

テンプレート [Fax イラスト 1] のように以前のバージョンで作成されたテンプレートを使用すると、Word が起動した際に「文書 1（互換モード）-Word」となります。保存する際に、互換性を保持したい場合は [以前のバージョンの Word との互換性を保持する] にチェックを入れて保存します。互換性を保持する必要がなければ、そのまま保存します。

·**FAX**↩   

ABCD Learning
子供の豊かな未来を創造する企業

〒107-0000↩
東京都港区赤坂 0-2-4↩
ABCD ラーニング株式会社↩
TEL□03-0024-0001↩
FAX□03-0024-0002↩

送付先↩	いろは商事株式会社↩	↩	発信元↩	調達部□向井荒太↩
FAX番号↩	03-0051-0002↩		日付↩	20××年 3 月 17 日↩
電話番号↩	03-0051-0001↩		送付枚数↩	2 枚（本状含む）↩
要件↩	注文書送付の件↩	↩	↩	↩

いつもお世話になっております。↩
4 月納品分の注文書をお送りいたします。↩
ご不明の点などございましたら、ご連絡ください。↩
よろしくお願い申し上げます。↩
↩
↩
↩
↩

↩

↩

FAX 送付状などはテンプレートを利用すると見栄えのよい文書が短時間で作成できます。Word のオンラインテンプレートを使って、多種類のテンプレートをダウンロードできます（インターネットに接続できる環境が必要です）。

基礎 問題 **13** 見積書

お客様に提示する見積書を作成しましょう。

■入力例■

```
見積番号 ABC-00↵
作成日:20××年7月1日↵
↵
御□見□積□書↵
↵
株式会社□ワールドテクニカル□御中↵
〒100-0000↵
東京都千代田区千代田 0-1-2↵
日本エンジニア株式会社↵
ソリューション本部□営業部↵
担当:小橋□健二↵
TEL:03-0000-2345↵
↵
件名:□貴社ネットワーク構築および保守支援↵
期間:□20××年9月-12月↵
受渡場所:□貴社ご指定場所↵
有効期間:□見積書提出後1ヶ月間↵
御支払条件:□20××年12月末日請求−翌月末日現金お支払↵
↵
御見積金額合計□:□¥10,000,000↵
【御見積内訳】↵
↵
※御見積内容の詳細につきましては、別紙見積仕様書番号:-AA001-002 をご参照ください。↵
※本見積金額には消費税は含まれておりません。別途加算させていただきます。↵
```

文書を新規作成しましょう。

1. 行数を38行にしましょう。

2. 入力例を参考に文章を入力しましょう。

3. すべての行のフォントをMSゴシックにしましょう。

4. 1〜2行目と7〜12行目の段落を右揃えにしましょう。

5. 13行目に2行4列の表を作成し、2行目の行の高さを12mmに設定しましょう。
完成例を参考に文字を入力し、文字位置を上下左右の中央揃えにして、列幅を自動調整しましょう。表の位置を右揃えにしましょう。

6. 設問**5.**で作成した表を「押印欄」という名前で新しいクイックパーツギャラリーに保存しましょう。保存先は「Normal」に設定し、その他は既定のままとします。

7. 4行目の「御　見　積　書」に20ポイント、中央揃えを設定しましょう。また、完成例を参考に段落罫線を設定しましょう。

8. 6行目の「株式会社　ワールドテクニカル　御中」に14ポイント、太字を設定しましょう。

9. 「件名」、「期間」、「受渡場所」、「有効期間」、「御支払条件」に5字分の均等割り付けを設定しましょう。

10. 「御見積金額合計　：　￥10,000,000」に14ポイント、太字、中央揃えを設定しましょう。

11. 「【御見積内訳】」の次の行に4行2列の表を作成し、完成例を参考に文字を入力しましょう。

12. 挿入した表にスタイル［一覧（表）3-アクセント3］（上から3行目の左から4列目）を設定し、［表スタイルオプション］の［最初の列］の設定を解除しましょう。
完成例を参考に文字の位置を調整しましょう。

「問題13-2W」という名前で保存しましょう。

■完成例■

見積書には、必ず有効期限を明記します。その他に条件や注意事項がある場合は、具体的に明記しましょう。内訳は表形式で整理し、合計金額は表内の合計欄だけでなく、目立つところに別途記載するとわかりやすいでしょう。

納品書

商品を購入したお客様に送る納品書を作成しましょう。

■入力例■

```
20××年8月1日↵
高橋□奈央様↵
〒150-0042↵
東京都渋谷区宇田川町 0-21-3↵
TEL□03-0000-1234, FAX□03-0000-1235↵
株式会社 ABCD インテリア↵
納□品□書↵
このたびは、ご利用ありがとうございます。↵
下記のとおり、ご注文いただいた商品をお届けいたしましたのでご確認ください。↵
またのご利用を心よりお待ち申し上げます。↵
↵
↵
なお、商品に関するお問い合わせやご質問、返品・交換などがございましたら、↵
下記のお客様サービスセンターまでご連絡いただけますようお願い申し上げます。↵
株式会社 ABCD インテリア□お客様サービスセンター↵
0120-123-4567（フリーダイヤル）↵
営業時間↵
平日 → 9:00〜20:00↵
土日祝→9:00〜18:00↵
```

文書を新規作成し、入力例を参考に文章を入力しましょう。

1. 1行目と3 〜 6行目の段落を右揃えにしましょう。

2. 7行目の「納品書」にスタイル［表題］を設定しましょう。

3. Excelファイル「納品明細書」を開いて、目盛線を非表示にしましょう。

4. 11行目にExcelファイル「納品明細書」の表（［納品書］シートのセルB4 〜 F17）を、Excelワークシートオブジェクトの形式で貼り付けましょう。

5. 貼り付けた表を中央揃えにしましょう。

6. 「株式会社ABCDインテリア　お客様サービスセンター」の前の行に水平線を設定しましょう。

7. 「株式会社ABCDインテリア　お客様サービスセンター」から最後の行までをMSPゴシックにしましょう。

8. 「株式会社ABCDインテリア　お客様サービスセンター」と「0120-123-4567（フリーダイヤル）」の2行に12ポイント、太字を設定しましょう。

9. 文末に画像ファイル「サービスセンター」を挿入して、高さを32mmに設定し、オブジェクトの配置を［左下に配置し、四角の枠に沿って文字列を折り返す］にしましょう。

「問題14-2W」という名前で保存しましょう。

20××年8月1日

高橋□奈央様

〒150-0042
東京都渋谷区宇田川町0-21-3
TEL□03-0000-1234，FAX□03-0000-1235
株式会社 ABCD インテリア

納□品□書

このたびは、ご利用ありがとうございます。
下記のとおり、ご注文いただいた商品をお届けいたしましたのでご確認ください。
またのご利用を心よりお待ち申し上げます。

No. 0024

商品番号	商品名	数量	単価	金額
M-012	玄関マット	1	7,000	7,000
M-023	バスマット	1	2,500	2,500
L-122	クッションカバー(シルク)	2	3,000	6,000
C-365	カフェカーテン	2	2,500	5,000
S-252	健康スリッパ	4	780	3,120
		小計(税込)		23,620
		送料(税込)		700
		合計金額		24,320

なお、商品に関するお問い合わせやご質問、返品・交換などがございましたら、
下記のお客様サービスセンターまでご連絡いただけますようお願い申し上げます。

株式会社 ABCD インテリア□お客様サービスセンター
0120-123-4567(フリーダイヤル)
営業時間
平日 → 9:00～20:00
土日祝 → 9:00～18:00

わび状（品切れ）

商品の品切れを知らせるためのわび状を作成しましょう。

■入力例■

令和〇〇年9月1日↵
あいうえ商事株式会社↵
購買部□時枝優志□様↵
↵
株式会社 EFG フーズ↵
営業事業本部長□加地俊平↵
↵
商品品切れのお詫び↵
↵
謹啓□初秋の候、貴社ますますご盛栄のこととお慶び申し上げます。平素は格別のご高配を賜り、厚く御礼申し上げます。↵
さて、このたびご注文いただきました『神のショコラ・ポリフェノール』は、雑誌やテレビなどメディアで取り上げていただいた影響から予想以上のご好評をいただき、生産が追いつかず品切れとなっております。ご迷惑をおかけして大変申し訳ありません。↵
現在、全力を上げて生産に励んでおりますが、お届けまでに3週間程度のお時間をいただく見込みとなっております。恐れ入りますが、何卒ご容赦いただけますようお願い申し上げます。↵
なお、お届けの遅延に伴い、注文数の変更、キャンセルをご希望のお客様は、大変お手数ですが、弊社カストマーセンター（0120-987-6543□ フリーダイヤル）までご連絡お願い申し上げます。↵
今後とも変わらぬご愛顧のほど、よろしくお願い申し上げます。↵
謹白↵

文書を新規作成しましょう。

1. 用紙サイズをB5にしましょう。

2. 入力例を参考に文章を入力しましょう。

3. 1行目と5 ～ 6行目の段落を右揃えにしましょう。

4. 8行目の「商品品切れのお詫び」のフォントサイズを12ポイントにし、中央揃えにしましょう。

5. 12 ～ 22行目の段落に1字分の字下げインデントを設定しましょう。

「問題15-2W」という名前で保存しましょう。

令和〇〇年 9 月 1 日

あいうえ商事株式会社
購買部□時枝優志□様

株式会社 EFG フーズ
営業事業本部長□加地俊平

商品品切れのお詫び

謹啓□初秋の候、貴社ますますご盛栄のこととお慶び申し上げます。平素は格別のご高配を賜り、厚く御礼申し上げます。

さて、このたびご注文いただきました『神のショコラ・ポリフェノール』は、雑誌やテレビなどメディアで取り上げていただいた影響から予想以上のご好評をいただき、生産が追いつかず品切れとなっております。ご迷惑をおかけして大変申し訳ありません。

現在、全力を上げて生産に励んでおりますが、お届けまでに 3 週間程度のお時間をいただく見込みとなっております。恐れ入りますが、何卒ご容赦いただけますようお願い申し上げます。

なお、お届けの遅延に伴い、注文数の変更、キャンセルをご希望のお客様は、大変お手数ですが、弊社カストマーセンター（0120-987-6543□フリーダイヤル）までご連絡お願い申し上げます。

今後とも変わらぬご愛顧のほど、よろしくお願い申し上げます。

謹白

お詫びする内容であることから、一般的な「拝啓－敬具」ではなく、より丁寧な表現である「謹啓－謹白」を使用しています。また、華美なデザインを避け、できるだけシンプルなデザインにするほうが印象がよいでしょう。
当初の予定に対して、品質、価格、納期、などに大幅な変更がある場合は、速やかにお客様にお知らせして判断を仰ぐ必要があります。変更内容によってはキャンセルを希望されることもあるので、対応方法について明記します。

基礎 問題 16 依頼状（講演依頼）

これまでお取引がない相手への講演を依頼する依頼状を作成しましょう。

■入力例■

20××年4月10日↵
いろはにコンサルティング株式会社↵
シニアコンサルタント↵
安積□隆様↵
株式会社 EFG フーズ↵
人材開発部↵
部長□佐々木由美子↵
ご講演のお願い↵
拝啓□春暖の候、貴社ますますご盛栄のこととお慶び申し上げます。平素は格別のご高配を賜り、厚く御礼申し上げます。↵
さて、このたび弊社では、営業力強化の一環として業界知識教育の充実を図る教育プログラムを検討しております。なかでも流通業界は弊社のビジネスにおいて重要であることから、その最新動向や課題をご教示いただける講師の方を探していたところ、安積様が昨年「流通業界研究フォーラム」で行われたご講演の情報を拝見しました。ぜひ弊社でもご講演いただきたく、ご連絡した次第です。ご多用中とは存じますが、ご検討の余地がありましたら、詳細ご相談させていただきたくよろしくお願い申し上げます。↵
お手数をおかけして大変恐縮ですが、下記担当者までご検討の可否をお知らせいただきたく、何卒よろしくお願い申し上げます。↵
まずは略儀ながら、書中をもってご依頼申し上げます。↵
　　　　　　　　　　　　　　　　　　　　　　　　　　　　敬具↵
　　　　　　　　　　　記↵
テーマ：□流通業界の最新動向と課題（仮題）↵
時間：□2 時間程度↵
時期：□20××年□7 月頃↵
参加人数：□営業職（マネジャー含む）250 名程度↵
場所：□弊社本社↵
住所：□〒104-0061□東京都中央区銀座 0-5-12↵
電話：□03-0000-8765（人材開発部直通）↵
謝礼：□15 万円（税別）↵
担当：□人材開発部□営業教育 G□中村里香□rika.n@efgfoods××.co.jp↵
　　　　　　　　　　　　　　　　　　　　　　　　　　　　以上↵
↵

文書を新規作成し、入力例を参考に文章を入力しましょう。

1. 1行目と5 ～7行目の段落を右揃えにしましょう。

2. 8行目の「ご講演のお願い」にスタイル［表題］を設定し、太字にしましょう。
完成例を参考に、上下に段落罫線を設定しましょう。

3. 11 ～19行目の段落に1字分の字下げインデントを設定しましょう。

4. 「テーマ」、「時間」、「時期」、「参加人数」、「場所」、「住所」、「電話」、「謝礼」、「担当」に
4字分の均等割り付けを設定しましょう。

5. ページ罫線を二重線、線の太さ0.5ポイント、基準を本文、上下左右の余白を30ポイントに設定しましょう。

「問題16-2W」という名前で保存しましょう。

20××年4月10日

いろはにコンサルティング株式会社
シニアコンサルタント
安積□隆様

株式会社 EFG フーズ
人材開発部
部長□佐々木由美子

ご講演のお願い

拝啓□春暖の候、貴社ますますご盛栄のこととお慶び申し上げます。平素は格別のご高配を賜り、厚く御礼申し上げます。

　さて、このたび弊社では、営業力強化の一環として業界知識教育の充実を図る教育プログラムを検討しております。なかでも流通業界は弊社のビジネスにおいて重要であることから、その最新動向や課題をご教示いただける講師の方を探していたところ、安積様が昨年「流通業界研究フォーラム」で行われたご講演の情報を拝見しました。ぜひ弊社でもご講演いただきたく、ご連絡した次第です。ご多用中とは存じますが、ご検討の余地がありましたら、詳細ご相談させていただきたくよろしくお願い申し上げます。

　お手数をおかけして大変恐縮ですが、下記担当者までご検討の可否をお知らせいただきたく、何卒よろしくお願い申し上げます。

　まずは略儀ながら、書中をもってご依頼申し上げます。

敬具

記

テ ー マ：□流通業界の最新動向と課題（仮題）
時　　間：□2時間程度
時　　期：□20××年□7月頃
参加人数：□営業職（マネジャー含む）250名程度
場　　所：□弊社本社
住　　所：□〒104-0061□東京都中央区銀座0-5-12
電　　話：□03-0000-8765（人材開発部直通）
謝　　礼：□15万円（税別）
担　　当：□人材開発部□営業教育G□中村里香□rika.n@efgfoods××.co.jp

以上

これまでお取引がない相手に講師依頼をする場合は、なぜその方に依頼しようと考えたのか、理由を簡潔に説明するとよいでしょう。他社からの紹介であれば紹介者の情報、公開されている情報を見たのであればその情報、などを書き添えると、相手も納得します。また、講演していただけるかどうかわからない段階では、「依頼」とするより、「相談」と表現すると丁寧です。

注文書

取引先に注文を知らせる注文書を作成しましょう。

毎月同じ商品を発注していますが、数量がその月によって違うので、流用して使える注文書を作成します。新規文書を作成し、次の条件を満たすように注文書を作成しましょう。

■次の内容は必ず盛り込みましょう。

発信日	令和〇〇年4月10日
宛先	〒150-0013　東京都渋谷区恵比寿0-5-1
	03-0501-0000
	HIJKビジネスサポート株式会社
	東京支社　営業部
発信者	〒108-0075　東京都港区港南0-2-4
	03-0000-0204
	サシス情報テクノロジー株式会社
	港支店　営業推進部　担当：悠木加奈子
タイトル	注文書
注文内容	以下の項目を用意します。今月注文がない行も入れておきます。

商品番号	商品名	単価	数量	合計
A-001	コピー用紙A4 (2500枚)	¥1,500	10	¥15,000
A-002	コピー用紙A3 (2500枚)	¥3,000	2	¥6,000
A-003	コピー用紙B4 (2500枚)	¥2,500	0	¥0
B-101	トナー　シアン	¥15,000	1	¥15,000
B-102	トナー　マゼンダ	¥15,000	1	¥15,000
B-103	トナー　イエロー	¥15,000	1	¥15,000
B-104	トナー　ブラック	¥15,000	2	¥30,000
C-001	ドラムカートリッジ	¥25,000	0	¥0
C-002	トナー回収ボトル	¥2,500	0	¥0
	4月度　注文金額合計			¥96,000

・A4用紙1枚に収まるようにしましょう。
・宛先には適切な敬称を付けましょう。
・内容に適したタイトルを付け、目立つように書式を設定しましょう。
・あいさつ文、今月の注文を送ることを伝える文章を考えて入れましょう。
・上記を参考に、注文内容を表形式で作成しましょう。
・Wordの計算機能を使って、合計、注文金額合計を求める計算式を設定しましょう。
・一番下に通信欄を設けて、特記事項があれば記入できるようにしましょう。
・見やすいように書式や配置を工夫しましょう。

「問題17-2W」という名前で保存しましょう。

| 応用 問題 | **18** | **請求書** |

Excel データを利用した請求書を作成しましょう。

商品を購入したお客様に請求書を発送することになりました。新規文書を作成し、次の条件を満たすように請求書を作成しましょう。

■次の内容は必ず盛り込みましょう。

発信日	令和○○年11月20日
宛先	〒106-0032　東京都港区六本木0-1
	株式会社ABCD企画
発信者	EFG商事株式会社
	〒104-0031　東京都中央区京橋0-5-1
	TEL03-0000-3333：FAX03-0000-3334
	担当：石田卓也
振込期限	12月20日
振込先	ABC銀行　京橋支店
	（当座）0011223　EFG商事株式会社

・A4用紙1枚に収まるようにしましょう。
・宛先には適切な敬称を付けましょう。
・内容に適したタイトルを付け、目立つように書式を設定しましょう。
・購入への感謝、請求をする旨を伝える文章を考えて入れましょう。
・請求の明細はExcelファイル「請求書」の表を利用しましょう。
・当月ご請求額はワークシート［請求］のセルA3～F4の表を、利用明細はワークシート［明細］のセルA1～E10までの表をコピーして貼り付けて利用しましょう。
・当月ご請求額は目立つように太枠で囲みましょう。
・見やすいように書式や配置を工夫しましょう。

「問題18-2W」という名前で保存しましょう。

見積書

Word の計算機能を使用して見積書を作成しましょう。

お客様からお問合せがあった研修コースの見積書を作成しましょう。

■次の内容は必ず盛り込みましょう。

見積書番号	ABC-0024
作成日	20××年7月19日
宛先	イロハ電気株式会社
発信者	〒104-0061　東京都中央区銀座0-5-1
	XYZラーニング株式会社
	コンサルティング2部　担当：佐藤　豪
	03-0000-5100
有効期間	見積書提出後1ヶ月間
支払条件	研修開催月末日請求　　翌月末日現金支払
見積内容	以下の表を作成する

内容	単価	数量	単位	合計
営業力強化実践コース講師派遣料	¥500,000	2	日	¥1,000,000
教材費	¥10,000	20	人	¥200,000
消費税（10%）				¥120,000
御見積金額合計				¥1,320,000

・宛先には適切な敬称を付けましょう。
・発信者の電話番号の次の行に、「部長」、「課長」、「係長」、「担当」の各押印欄を作成しましょう（問題13でクイックパーツに登録した［押印欄］を使います）。
・内容に適したタイトルを付け、目立つように書式を設定しましょう。
・研修検討への感謝、見積書を提出するので検討いただきたい旨を伝える文章を考えて入れましょう。
・Wordの計算機能を使用して、「合計」、「消費税」、「見積合計金額」を求める計算式を作成しましょう。なお、この例では「消費税」は10%で作成しています。
・ブックマークを利用し、作成した表の上に「御見積金額合計」と同じ金額が表示されるように設定しましょう。
・見やすいように書式や配置を工夫しましょう。

「問題19-2W」という名前で保存しましょう。

通知状（業務組織変更）

取引先に業務組織の一部変更を知らせる通知状を作成しましょう。

社内で業務組織の一部変更が行われました。新規文書を作成し、次の条件を満たすように通知状を作成しましょう。

■次の内容は必ず盛り込みましょう。

発信日	令和○○年3月1日
宛先	取引先全員
発信者	イロハ物産株式会社　代表取締役社長　桜木仙太郎
組織の変更内容	営業推進部が営業企画部に変更。 海外事業推進課が海外事業部に変更。
人事異動の内容	佐野孝志（法人営業部　部長）が営業企画部　部長に異動。 澤田ゆかり（海外事業推進課　課長）が海外事業部　部長に異動。
組織変更の目的	海外事業の充実と円滑化を図るため

・A4用紙1枚に収まるようにしましょう。
・宛先には適切な敬称を付けましょう。
・内容に適したタイトルを付け、目立つように書式を設定しましょう。
・あいさつ文、組織変更を行う旨、今後の抱負や取引をお願いする文章を考えて入れましょう。
・見やすいように書式や配置を工夫しましょう。

「問題20-2W」という名前で保存しましょう。

送付状（資料送付）

資料送付時に同封する送付状を作成しましょう。

社員旅行用に問い合わせのあったツアーに関する資料を送付することになりました。新規文書を作成し、次の条件を満たすように送付状を作成しましょう。

■次の内容は必ず盛り込みましょう。

発信日	20××年5月24日
宛先	ABCD食品株式会社　総務部　西大寺久恵
発信者	イロハツアー株式会社　銀座営業所　佐々木駿介
電話番号	03-0024-0051
メールアドレス	shunsuke.sasaki@iroha.xx.co.jp
ツアー名	キャンペーンツアー「ハワイ3島巡り」
送付物	ハワイ3島巡りツアーパンフレット　　　　　1部
	オプショナルツアーパンフレット　　　　　　1部
	宿泊予定ホテル資料　　　　　　　　　　　1部
	社員旅行をサポートするイロハツアーの取り組み　1部

・A4用紙1枚に収まるようにしましょう。
・宛先には適切な敬称を付けましょう。
・内容に適したタイトルを付け、目立つように書式を設定しましょう。
・あいさつ文、パンフレット送付の旨、都合がよいときに説明しに行きたいと伝える文章を考えて入れましょう。

「問題21-2W」という名前で保存しましょう。

宛名ラベル

応用 問題 22

宛名ラベルを作成しましょう。

ダイレクトメールに貼る宛名ラベルを作成します。新規文書を作成し、次の条件を満たすように宛名ラベルを作成しましょう。

・6行2列のレイアウトになる宛名ラベルを作成しましょう。
・顧客データはExcelファイル「顧客一覧」を利用しましょう。
・宛名ラベルには、「郵便番号」、「住所1」、「住所2」、「会社名」、「部署名」、「顧客名」が表示されるように設定し、顧客名の敬称は「様」を表示するようにしましょう。

「問題22-2W」という名前で保存しましょう。

宛名ラベルの行数や列数を確認するには、次の手順を利用します。
① [差し込み文書] タブの [差し込み印刷の開始] ボタンの▼をクリックし、[ラベル] をクリックします。
② [ラベルオプション] ダイアログボックスで、ラベルの製造元と製品番号を選択し、[サイズの詳細] をクリックします（完成例では、ラベルの製造元は [A-ONE]、製品番号は [A-ONE 28187] に設定しています）。

応用 問題 23 わび状（納品数量不足）

商品の納品数量の不足を謝罪するわび状を作成しましょう。

お客様への納品数量不足が発生しました。電話連絡をいただいた際に丁重にお詫びをして、今回はお許しをいただきましたが、至急不足分をお送りする際にわび状を同封します。新規文書を作成し、次の条件を満たすわび状を作成しましょう。

■次の内容は必ず盛り込みましょう。

発信日	令和○○年12月4日
宛先	EFG産業株式会社
発信者	いろは商事株式会社　営業本部長　中川　悟
状況	12月3日の納品数量が不足していた
原因	出荷時に担当者がチェックを怠ったため
このたびの対応	至急送付（本書を同封）
今後の対応	チェック手順の再徹底を図り、担当者全員で再発防止に努める

・A4用紙1枚に収まるようにしましょう。
・宛先には適切な敬称を付けましょう。
・内容に適したタイトルを付けましょう。
・あいさつ文、納品数不足の旨、謝罪の言葉、このたびの対応、原因、今後の対応を伝える文章を考えて入れましょう。

「問題23-2W」という名前で保存しましょう。

わび状では、くどくど言い訳するのではなく、簡潔な文章で誠意をもってわびることが大切です。ただ謝罪するだけでなく、原因や対応策についてもきちんと伝えます。「出荷時に担当者がチェックを怠ったため」という原因は、一社員の責任であるかのような表現ではなく、会社としての責任として捉え、適切な表現を考えましょう。

対応策は、このたび起きてしまったことへの対応と、今後このようなことを起こさないための対応（防止策）の両方を説明します。

なお、本来、おわびをするときは文書だけ済ませるのではなく、内容の重さによって、すぐ電話をしておわびの一報を入れてから、しかるべきメンバー（役職や立場）が訪問するなど、手段も考えましょう。文書は、送付ではなく訪問時に持参する場合もあります。

第 **3** 章

【社内】
報連相

第3章

【社内】報連相

社内文書の主な目的は、報連相、報告・連絡・相談です。業務の遂行に伴って、その進捗や結果を報告する各種の報告書、必要な相手に必要な情報を連絡するための通達・連絡書、上司や関係者に相談して判断を仰ぐ稟議書・お伺い書などがあります。社外向けと違って、頭語・結語、前文は不要です。必要な情報を、箇条書きや表形式などを使いながら、正確、簡潔、わかりやすく整理しましょう。社内向けであっても、相手にとってわかりやすく有益な情報になっているか、受け手の立場で考えるのは、社外向けの場合と同様です。ここでは、主要な社内文書のコツを解説します。

Point 1 報告書は事実をデータで示す

報告に納得してもらうには、事実をデータで示します。その事実の信ぴょう性・客観性を感じてもらうには、信用できるデータを使い、出所も明記しましょう。
数値データから読み取れることをアピールするには、グラフを使います。数量を比較するなら棒グラフ、数量の推移を表すなら折れ線グラフ、比率を表すなら円グラフが基本です。

問題 34

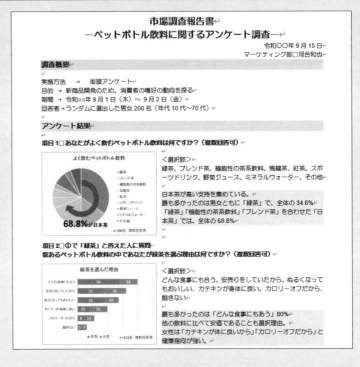

Point 2 議事録は議論の経緯がわかる工夫をする

議事録は、開催日時・開催場所・議題・出席者といった基本情報と、会議の内容を記録します。当日出席者はもちろん、その場にいなかった関係者にも決定事項を伝達します。なお、主なコメントを入れるなど、その会議でどういう議論がされたのか、経緯がわかる工夫があるとよいでしょう。

問題 28　問題 33

Point 3 稟議書はフォームもフローも標準化する

稟議書は、記載項目の統一、稟議先の
ルール決めなど、フォームやフロー（稟議
書を回すメンバーと順番）の標準化が最も
やりやすい文書のひとつです。電子ワーク
フローシステムを使って、稟議書とその流
れを電子化している企業も少なくありませ
ん。フォームを統一して、内容別に決裁者
や稟議フローを標準化しましょう。

問題 27　問題 32

稟　議　書				
件名	コンパクトプロジェクター購入の件		受付番号	
決済区分	担当役員決済		受付部門	
起案者	経済品質部・佐藤裕翔		受付者	
起案責任者	経済品質部長・近藤洋一		決済	可・否
連絡先	内線 3456（佐藤）・satou@abc××.co.jp		決済条件	有・無
決済希望日	20××年 5 月 30 日			

内容

このたび、環境マネジメント施策の一環として、下記のとおりコンパクトプロジェクターを購入したく、ご検
討よろしくお願い申し上げます。

記

品名　→　コンパクトプロジェクター「CP-0051」（ABC機器株式会社）
数量　→　50 台（会議室 20 台、打ち合わせコーナー30 台、合計 50 台）
価格総額　→　1,000 万円（税込）・□添付「ABC機器株式会社提案書および見積書」参照
購入理由　→　ペーパレス会議機能のためにプロジェクター設置が必要と判断
効果試算　→　プリンター用紙および出力費用・年間 800 万円削減・□添付「経費節減試算資料」参照
選定理由　→　添付「メーカーと機種の選定における比較検討資料」参照
添付資料　→　ABC機器株式会社提案書および見積書
　　　→　メーカーと機種の選定における比較検討資料
　　　→　経費節減試算資料

以上

合議先（回覧順序）								決済者
総務部長	経理部長	□□□□長	□□□□長	□□□□長	□□□□長	□□□□長	最終	山田役員
1	2	3	4	5	6	7	最終	

Point 4 社内イベントや社内広報は遊び心もプラス

ビジネス文書であっても、社内イベン
トや社内広報のように、直接的に業
務に関わるものでなければ、遊び心
をプラスして楽しい演出をしてもよい
でしょう。ビジュアルで美しいデザイ
ンやレイアウトを使ったり、写真・イ
ラストを使ったりするなど工夫しま
す。

問題 26　問題 31

社員旅行のご案内

　下記のとおり、毎年恒例の社員旅行を実施いたします。
　今年はアンケート投票で一番ご要望が多かった軽井沢に決定しました。2 日目は、ゴルフ、アウト
レット、温泉のなかからお好きなコースを選択いただけます。予約の都合上、**2 月 1 日まで**に出欠と
参加コースを下記問合わせ先までご連絡ください。なお、ゴルフコースに参加される方は、プレー
フィーを当日現地で実費精算します。
　皆さまのご参加をお待ちしておりますので、よろしくお願いいたします。

開催概要

日　　程：□3 月 5 日（金）〜6 日（土）
集合場所：□本社 1 階正面玄関（貸し切りバスが待機しています）
集合時間：□3 月 5 日（金）□午前 8 時（時間厳守でお願いします）
行　　先：□軽井沢
宿　泊　先：□軽井沢グリーンフォレストホテル□TEL0000-456-7890
問合せ先：□総務部□長瀬祐也□内線 1234

参加コース別注意事項

ゴ　ル　フ：□軽井沢グリーンフォレストゴルフコース予定。ランチ付き。
アウトレット：□ホテルからアウトレットまで送迎あり。ランチ券付き。
温　　泉：□露天立ち寄り湯にご案内予定。ランチと温泉饅頭お土産付き。

報告（出張旅費精算）

出張旅費を精算するための報告書を作成しましょう。

ファイル「問題24」を開きましょう。

1. ページの余白を、上15m、下15mにしましょう。

2. 1行目にスタイル［表題］を設定しましょう。

3. 1行目の後に空行を1行追加し、問題13で登録したクイックパーツ［押印欄］を挿入して、社長の押印欄を削除しましょう。

4. すべての行を選択して、フォントをMSPゴシックにしましょう。

5. 1番目の表の見出しのセル（1列目「申請日」～「支払金額」と「氏名」）の塗りつぶしの色を［薄い灰色、背景2］にしましょう。

6. 「【宿泊費明細】」の表、「【日当明細】」の表、「【交通費明細】」の表の1行目の塗りつぶしの色を［薄い灰色、背景2］にしましょう。

7. 「【宿泊費明細】」の表の4行目の左から1～3列目のセルを結合して、文字を上揃え（中央）にしましょう。

8. 「【日当明細】」の表の5行目の左から1～3列目のセルを結合して、文字を上揃え（中央）にしましょう。

9. 「【交通費明細】」の表の2行目の左から1列目のセルの文字を上揃え（中央）にしましょう。

10. 「支払金額」の右隣りのセル（支払金額を記入するセル）の外枠の線の太さを2.25ポイントにしましょう。

11. 「宿泊費合計」の右隣りのセル（宿泊費合計金額を記入するセル）、「日当合計」の右隣りのセル（日当合計金額を記入するセル）、「交通費合計」の右隣りのセル（交通費合計金額を記入するセル）、の外枠の線の太さを1.5ポイントにしましょう。

12. 以下の情報を記入しましょう。

申請日：	20××年7月25日
社員番号：	1024
氏名：	石川　瑞樹
所属名：	製造営業事業部　第一営業部
出張先：	大阪支社
出張目的：	創立20周年記念「ソリューションフェア大阪」支援
出張期間：	20××年7月18日～20××年7月20日（3日間）
出張旅費合計：	¥58,240
前払金：	¥0
支払金額：	¥58,240
宿泊費：	東京23区以外に2泊
移動日当：	2日分を請求する
宿泊日当：	2泊分を請求する
交通費合計：	¥36,240を請求する

■完成例■

出張旅費精算書

部長	課長	担当

申請日	20××年7月25日		
社員番号	1024	氏名	石川 瑞樹
所属名	製造営業事業部 第一営業部		
出張先	大阪支社		
出張目的	創立20周年記念「ソリューションフェア大阪」支援		
出張期間	20××年7月18日～20××年7月20日(3日間)		
出張旅費合計			¥58,240
前払い金			¥0
支払金額			¥58,240

支払金額がマイナス(返金あり)の場合は、交通費支払口座から翌月度引き落とします。

【宿泊費明細】

項目	単価	日数	金額
宿泊費(東京23区以内)	¥8,000		
宿泊費(上記以外)	¥7,000	2	¥14,000
宿泊費合計			¥14,000

【日当明細】

項目	単価	日数	金額
移動日当	¥2,000	2	¥4,000
休日移動日当	¥2,000		
宿泊日当	¥2,000	2	¥4,000
日当合計			¥8,000

【交通費明細】

別紙 Excel シート「交通費明細表」添付し、合計金額を以下に転記ください。

項目	金額
交通費合計	¥36,240

【領収書貼り付け欄】

タクシー利用の場合は領収書を貼り付けて、使用理由を記載ください。貼りきれない場合は別紙に貼って添付ください。

連絡 (社内セミナー開催のお知らせ)

社内セミナーの開催を社員に連絡する文書を作成しましょう。

■入力例■

人事発第 20 号

令和○○年 4 月 5 日

社員各位

人事部□健康推進センター

社内セミナー「生活習慣病を予防する食事」開催のお知らせ

5 月の社内セミナーを下記のとおり開催いたします。

健康推進センターでは、社員の皆さまの健康を増進する目的で、毎月セミナーをお届けしています。今回は、皆さまからご要望の多かった生活習慣病予防をテーマに、日々の食事の注意点、簡単にできて健康によいお勧め料理のレシピなどが学べるセミナーを企画いたしました。

受講を希望する方は、下記の申込書に記入のうえ、4 月 20 日までに人事部健康推進センターまで提出ください。皆さまのご参加をお待ちしています。

記

テーマ：□生活習慣病を予防する食事

内容：□生活習慣病とは、簡単自己チェック、食事の注意点、お勧め料理レシピ

日時：□令和○○年 4 月 25 日□□18:00〜19:00

会場：□本社ビル 5F□大会議室

定員：□50 名

講師：□いろは大学病院□内科部長□岡田紗英先生

問合せ先：□人事部□健康推進センター□佐藤健人（内線：0051）

備考：□業務外の自主参加型セミナー

以上

キリトリ線

社内セミナー「生活習慣病を予防する食事」受講申込書

文書を新規作成し、入力例を参考に最後の空白行まで文章を入力しましょう。

1. ページの余白を上20mm、下15mmにしましょう。

2. 1、2、4行目の段落を右揃えにしましょう。

3. 6行目の「社内セミナー「生活習慣病を予防する食事」開催のお知らせ」にスタイル [表題]、14ポイント、太字を設定し、完成例を参考に二重線の [オレンジ、アクセント2] の段落罫線を上下に設定しましょう。

4. 7〜13行目の段落に1字分の字下げインデントを設定しましょう。

5. 12行目の「4月20日までに」に波線の下線と太字を設定し、游ゴシックにしましょう。

6. 「テーマ」、「内容」、「日時」、「会場」、「定員」、「講師」、「問合せ先」、「備考」の文字に4字分の均等割り付けを設定しましょう。

7. 「キリトリ線」を中央揃えにし、行の下に点線の段落罫線を設定しましょう。

8. 「社内セミナー「生活習慣病を予防する食事」受講申込書」にスタイル [副題] を設定しましょう。

9. 「社内セミナー「生活習慣病を予防する食事」受講申込書」の次の行に、3行4列の表を作成しましょう。

10. 1列目と3列目の列幅を20mm、2列目と4列目の列幅を55mmに変更しましょう。

11. 1〜2行目の行の高さを10mm、3行目の行の高さを25mmに変更しましょう。

12. 3行目の1〜4列目のセルを結合しましょう。

13. 完成例を参考に表内に文字を入力し、1〜2行目の文字位置を上下左右の中央揃えにしましょう。

「問題25-2W」という名前で保存しましょう。

■完成例■

人事発第 20 号
令和〇〇年 4 月 5 日

社員各位

人事部□健康推進センター

社内セミナー「生活習慣病を予防する食事」開催のお知らせ

　5月の社内セミナーを下記のとおり開催いたします。
　健康推進センターでは、社員の皆さまの健康を増進する目的で、毎月セミナーをお届けしています。今回は、皆さまからご要望の多かった生活習慣病予防をテーマに、日々の食事の注意点、簡単にできて健康によいお勧め料理のレシピなどが学べるセミナーを企画いたしました。
　受講を希望する方は、下記の申込書に記入のうえ、**4 月 20 日までに**人事部健康推進センターまで提出ください。皆さまのご参加をお待ちしています。

記

テ ー マ：□生活習慣病を予防する食事
内　　容：□生活習慣病とは、簡単自己チェック、食事の注意点、お勧め料理レシピ
日　　時：□令和〇〇年 4 月 25 日□□18:00〜19:00
会　　場：□本社ビル 5F□大会議室
定　　員：□50 名
講　　師：□いろは大学病院□内科部長□岡田紗英先生
問合せ先：□人事部□健康推進センター□佐藤健人（内線：0051）
備　　考：□業務外の自主参加型セミナー

以上

------------------- キリトリ線 -------------------

社内セミナー「生活習慣病を予防する食事」受講申込書

氏名		社員番号	
部署名		内線番号	
健康推進センターへの連絡事項			

連絡（社員旅行のご案内）

社員旅行の開催を連絡する文書を作成しましょう。

■入力例■

社員旅行のご案内
下記のとおり、毎年恒例の社員旅行を実施いたします。
今年はアンケート投票で一番ご要望が多かった軽井沢に決定しました。2日目は、ゴルフ、アウトレット、温泉のなかからお好きなコースを選択いただけます。予約の都合上、2月1日までに出欠と参加コースを下記問合わせ先までご連絡ください。なお、ゴルフコースに参加される方は、プレーフィーを当日現地で実費精算します。
皆さまのご参加をお待ちしておりますので、よろしくお願いいたします。

開催概要
日程：□3月5日（金）〜6日（土）
集合場所：□本社1階正面玄関（貸し切りバスが待機しています）
集合時間：□3月5日（金）□午前8時（時間厳守でお願いします）
行先：□軽井沢
宿泊先：□軽井沢グリーンフォレストホテル□TEL0000-456-7890
問合せ先:□総務部□長瀬祐也□内線1234

参加コース別注意事項
ゴルフ：□軽井沢グリーンフォレストゴルフコース予定。ランチ付き。
アウトレット：□ホテルからアウトレットまで送迎あり。ランチ券付き。
温泉：□露天立ち寄り湯にご案内予定。ランチと温泉饅頭お土産付き。

1. 文書をテンプレート［レターヘッド（グリーンウェーブのデザイン）］から新規作成し、内容をすべて削除して、入力例を参考に文章を入力しましょう。

2. すべての行の段落後の間隔を0行、インデントを左2字、右2字に設定しましょう。

3. 1行目を、36ポイント、中央揃え、フォントの色を［緑、アクセント4］にしましょう。

4. 2〜6行目の段落に1字分の字下げインデントを設定しましょう。

5. 4行目の「2月1日までに」に二重線の濃い赤の下線を設定し、太字にしましょう。

6. 9行目の「開催概要」と17行目の「参加コース別注意事項」に、16ポイント、中央揃え、太字、フォントの色［緑、アクセント4］を設定しましょう。

7. 9行目と17行目の下に、線の太さ1.5ポイントの緑の段落罫線を設定しましょう。

8. 「日程」、「集合場所」、「集合時間」、「行先」、「宿泊先」、「問合せ先」の文字に4字分の均等割り付けを設定しましょう。

9. 「ゴルフ」、「アウトレット」、「温泉」の文字に6字分の均等割り付けを設定しましょう。

「問題26-2W」という名前で保存しましょう。

社員旅行のご案内

　下記のとおり、毎年恒例の社員旅行を実施いたします。

　今年はアンケート投票で一番ご要望が多かった軽井沢に決定しました。2 日目は、ゴルフ、アウトレット、温泉のなかからお好きなコースを選択いただけます。予約の都合上、**2 月 1 日までに**出欠と参加コースを下記問合わせ先までご連絡ください。なお、ゴルフコースに参加される方は、プレーフィーを当日現地で実費精算します。

　皆さまのご参加をお待ちしておりますので、よろしくお願いいたします。

開催概要

日　　　程：　3 月 5 日（金）〜6 日（土）
集合場所：　本社 1 階正面玄関（貸し切りバスが待機しています）
集合時間：　3 月 5 日（金）　午前 8 時（時間厳守でお願いします）
行　　　先：　軽井沢
宿 泊 先：　軽井沢グリーンフォレストホテル　TEL0000-456-7890
問合せ先：　総務部　長瀬祐也　内線 1234

参加コース別注意事項

ゴ　ル　フ：　軽井沢グリーンフォレストゴルフコース予定。ランチ付き。
アウトレット：　ホテルからアウトレットまで送迎あり。ランチ券付き。
温　　　泉：　露天立ち寄り湯にご案内予定。ランチと温泉饅頭お土産付き。

社員旅行のように仕事ではないイベントの案内であれば、楽しい雰囲気が伝わるようなデザインのテンプレートを使用してもよいでしょう。なお、テンプレート［レターヘッド（グリーンウェーブのデザイン）］がない場合は任意のテンプレートを使用してください。

稟議書

稟議書のフォームを作成しましょう。

文書を新規作成しましょう。

1. 1行目に「稟　議　書」と入力しましょう。

2. ページの余白を［狭い］にしましょう。

3. 改行して2行目を作成し、14行×8列の表を挿入しましょう。

4. 表の1行目の2 〜 8列目のセルを結合しましょう。

5. 表の2 〜 6行目の2 〜 6列目のセルを、行ごとに結合しましょう。

6. 表の7 〜 8行目と13 〜 14行目の1 〜 8列目のセルを、行ごとに結合しましょう。

7. 表の9行目の1 〜 7列目のセルを結合しましょう。

8. 1行目の「稟　議　書」のフォントサイズを16ポイント、中央揃えにしましょう。

9. 完成例を参考に、フォーム内に文字を入力しましょう。

10. 表の1 〜 7行目で、文字を入力したセルをすべて中央揃えにしましょう。

11. 表の9 〜 10行目と12行目を中央揃えにしましょう。

12. 表の8行目の行の高さを100m、11行目の行の高さを23mm、13 〜 14行目の行の高さを30mmに設定しましょう。

13. 完成例を参考に、セルに塗りつぶしの色［薄い灰色、背景2］を設定しましょう。

「問題27-2W」という名前で保存しましょう。

> 行や列を部分的に結合して複雑なフォームを作成するときは、最も行数が多いところ、最も列数が多いところを数えて、その数に合わせた表を作成すると効率的です。この例では、11行目が8列あるので、そこに合わせて14行×8列の表を作成し、後から必要に応じてセルを結合しています。

稟□議□書

件名				
決済区分			受付番号	
起案者			受付部門	
起案責任者			受付者	
連絡先			決済	可・否
決済希望日			決済条件	有・無

内容

（空欄）

合議先（回覧順序）							決済者
□□□□長	□□□□長	□□□□長	□□□□長	□□□□長	□□□□長	□□□□長	□□□□長
1	2	3	4	5	6	7	最終
可・否	可・否	可・否	可・否	可・否	可・否	可・否	可・否

合議者コメント記入欄

合議先（回覧順序）

議事録（営業戦略会議）

新商品販促計画に関する営業戦略会議の議事録を作成しましょう。

■入力例■

```
議□事□録
会議名：　　→　　6月度営業戦略会議
議題：→秋冬新商品販促について
日時：→令和○○年6月17日（火）13:00〜15:00
場所：→5階501会議室
出席者：　　→　　営業部□中野部長、石川部員、上原部員
　　　→　　マーケティング部□川西部長、佐野部員、西島部員
　　　→　　商品企画□成田部長、佐々木部員
司会：→営業部□中野部長
記録：→営業部□上原部員
配布資料：　　→　　秋冬新商品販促計画書（事前配布）
【内容】
新商品説明（商品企画部）
コンセプト：秋冬カラーに合わせた高級感あるアンティークレース使い
ターゲット：20代後半から40代前半の働く女性
販促計画（マーケティング部）
販促タイトル：「Autumn & Winter Collection」
期間：9月9日（金）〜10月9日（日）
媒体：店頭用ポスター、POP、DM
対象店舗：青山本店、渋谷店、代官山店、六本木店
期間中のノベルティ：ポーチ（各店300個）
営業計画（営業部）
対象店舗の期間中売上目標は対前年20%UP
対象店舗の期間中の土日は販売員を2名増員
【主なコメント】
対象店舗に近年売上が伸びている横浜店を加えなくてよいか？（営業部）
→□神奈川県は別の販促策を企画中（マーケティング部）
土日の販売員増員はどの店舗から捻出するか？（マーケティング部）
→□神奈川県から捻出予定だったが、別施策があるなら再検討する（営業部）
【検討事項】
神奈川県向け販促策が決まり次第情報共有し、次回営業戦略会議で説明（マーケティング部）
販売員増員のための人員捻出（営業部）
【決定事項】
マーケティング部の販促計画書に沿って、各部準備を進める。
【次回の予定】
7月度営業戦略会議□7月19日（火）□15:00〜17:00□本社5階501会議室
```

文書を新規作成し、入力例を参考に文章を入力しましょう。

1. ページの余白を［やや狭い］にしましょう。

2. 1行目にスタイル［表題］を設定し、12.5%の網かけを設定しましょう。

3. 「【内容】」、「【主なコメント】」、「【検討事項】」、「【決定事項】」、「【次回の予定】」の行に、10%の網かけを設定しましょう。

4. 2〜11行目の7字の位置に左揃えタブを設定しましょう。

5. 13行目、16行目、22行目に段落番号［1. 2. 3.］を設定しましょう。

6. 14〜15行目、17〜21行目、23〜24行目のインデントを増やして、箇条書き（✓）を設定しましょう。

■完成例■

議□事□録

会議名：　→　6月度営業戦略会議
議題：　→　秋冬新商品販促について
日時：　→　令和○○年6月17日（火）13:00～15:00
場所：　→　5階501会議室
出席者：　→　営業部□中野部長、石川部員、上原部員
　　　　→　　マーケティング部□川西部長、佐野部員、西島部員
　　　　→　　商品企画□成田部長、佐々木部員
司会：　→　営業部□中野部長
記録：　→　営業部□上原部員
配布資料：　秋冬新商品販促計画書（事前配布）

【内容】
1.→新商品説明（商品企画部）
　✓→コンセプト：秋冬カラーに合わせた高級感あるアンティークレース使い
　✓→ターゲット：20代後半から40代前半の働く女性
2.→販促計画（マーケティング部）
　✓→販促タイトル：「Autumn & Winter Collection」
　✓→期間：9月9日（金）～10月9日（日）
　✓→媒体：店頭用ポスター、POP、DM
　✓→対象店舗：青山本店、渋谷店、代官山店、六本木店
　✓→期間中のノベルティ：ポーチ（各店300個）
3.→営業計画（営業部）
　✓→対象店舗の期間中売上目標は対前年20%UP
　✓→対象店舗の期間中の土日は販売員を2名増員

【主なコメント】
対象店舗に近年売上が伸びている横浜店を加えなくてよいか？（営業部）
→□神奈川県は別の販促策を企画中（マーケティング部）
土日の販売員増員はどの店舗から捻出するか？（マーケティング部）
→□神奈川県から捻出予定だったが、別施策があるなら再検討する（営業部）

【検討事項】
神奈川県向け販促策が決まり次第情報共有し、次回営業戦略会議で説明（マーケティング部）
販売員増員のための人員捻出（営業部）

【決定事項】
マーケティング部の販促計画書に沿って、各部準備を進める。

【次回の予定】
7月度営業戦略会議□7月19日（火）□15:00～17:00□本社5階501会議室

議事録とは、会議で行われた情報伝達、対話、意思決定の内容を、正確、簡潔、わかりやすくまとめた文書です。その場に参加した人への確認・念押しはもちろん、参加していない関係者への伝達や、証拠としての記録のために作成します。

【議事録に必ず記載する項目】
・会議の基本情報（会議名、議題、日時、場所、参加者、配布資料）
・内容（主要なトピックスを箇条書きなどで簡潔に記載）
・決定事項（その会議で決まったこと）

【必要に応じて加えるとよい項目】
・主なコメント（誰が何を言ったか、質問、回答など、重要なものを記載）
・検討事項（残された課題がある場合は必ず記載）
・次回の予定（次回の予定が決まっている場合は必ず記載）

基礎 問題 29 社内報（けんぽ便り）

社内報を作成しましょう。

ファイル「問題29」を開きましょう。

1. ページの余白を［やや狭い］にしましょう。

2. 1行目をArial Black、48ポイントにしましょう。「Vol.」だけ22ポイントに変更しましょう。

3. 1行目の文字に以下のフォントの色を設定しましょう。

K	［オレンジ、アクセント2、黒＋基本色25％］
P	［緑、アクセント6、黒＋基本色25％］
N	［青、アクセント5、黒＋基本色25％］
W	［ゴールド、アクセント4、黒＋基本色25％］

4. 2行目以降のすべての行のフォントをHG丸ゴシックM-PROにしましょう。

5. 「紫外線対策　自己診断チェック」の行から2ページ目になるように、ページ区切りを挿入しましょう。

6. 1ページ目の6行目（空行）の下に段落罫線を設定しましょう。

7. 2ページ目の8行目の段落を右揃えにし、下に段落罫線を設定しましょう。

8. 1ページ目の8行目（「温泉の効能」）から最終行までを2段組にしましょう。

9. 2ページ目の10行目（「紫外線対策を忘れずに！」）から最終行までを2段組にしましょう。

10. 1ページ目の「温泉の効能」の行に14ポイント、太字、箇条書き（➚）を設定し、「KENPONEWS項目」という名前で新しいスタイルとして登録しましょう。

11. 1ページ目の「効果的な温泉の入り方」の行、「家族で楽しめる温泉」の行、2ページ目の「紫外線対策　自己診断チェック」の行、「紫外線対策を忘れずに！」の行、「水分補給について」の行、「日帰り人間ドックご利用案内」の行、「編集後記」の行に、スタイル［KENPONEWS項目］を設定しましょう。

12. ［KENPONEWS項目］を設定した見出しの行に、以下の背景の色を設定しましょう。

「温泉の効能」の行	［ゴールド、アクセント4、白＋基本色60％］
「効果的な温泉の入り方」の行	［青、アクセント5、白＋基本色60％］
「家族で楽しめる温泉」の行	［オレンジ、アクセント2、白＋基本色60％］
「紫外線対策　自己診断チェック」の行	［灰色、アクセント3、白＋基本色60％］
「紫外線対策を忘れずに！」の行	［緑、アクセント6、白＋基本色60％］
「水分補給について」の行	［ゴールド、アクセント4、白＋基本色60％］
「日帰り人間ドックご利用案内」の行	［青、アクセント5、白＋基本色60％］
「編集後記」の行	［オレンジ、アクセント2、白＋基本色60％］

13. 1ページ目の「効果的な温泉の入り方」の説明文の最後に画像「温泉」を挿入して、文字列の折り返しを［四角形］にしましょう。1ページ目の文章が2ページ目へと溢れない程度に大きさを調整し、図のスタイルを［シンプルな枠、白］にして、完成例を参考に位置を調整しましょう。

14. 2ページ目の「紫外線対策を忘れずに」の説明文の最後に画像「ゴルフ」を挿入して、文字列の折り返しを四角形にしましょう。2ページ目の文章が3ページ目へと溢れない程度に大きさを調整し、図のスタイルを［シンプルな枠、白］にして、完成例を参考に位置を調整しましょう。

「問題29-2W」という名前で保存しましょう。

■完成例■ 1ページ目

2ページ目

応用 問題 30 報告（業務日報）

業務日報を作成しましょう。

1日の業務内容をまとめ上司に提出します。新規文書を作成し、次の条件を満たすように業務日報を作成し、業務内容を報告書にまとめましょう。

■次の内容は必ず盛り込みましょう。

> 押印欄（部長、課長、担当者）
> 提出者　　　　　　営業部　木村健
> 作業日　　　　　　20××年4月10日
> 本日の計画　　　　各店舗の売上・在庫管理の集計
> 所属、氏名、作業日、本日の計画、時間、訪問先、業務内容、成果・備考、
> 問題点・反省点、所属長コメント

・内容に適したタイトルを付け、目立つように書式を設定しましょう。
・見やすいように表にまとめましょう。
・本日の業務内容は次のとおりです。わかりやすくまとめましょう。

次の内容で業務日報を作成しましょう。

> ・9時30分から10時30分まで定例会議。会議では1週間の売上報告。
> ・11時から13時まで株式会社いろは商事株式会社とEFG商会株式会社向けの販促カタログ作成とDM発送。
> ・14時30分から18時30分まで担当店舗（町田店、横浜店、川崎店）へ。各店舗での売上・在庫管理の確認、集計を行った。集計データは本部へ送信。
> ・19時から19時30分まで社内で報告書作成。部長に提出。
> ・各店舗での集計作業は、商品が整頓されていなかったため、予定より時間がかかった。日頃から整頓するよう依頼。

・内容が変更されないように文書を最終版にし、読み取り専用にしましょう。

「問題30-2W」という名前で保存しましょう。

連絡（福利厚生施設）

応用 問題 31

新規に利用できる福利厚生施設を知らせる文書を作成しましょう。

今年度より軽井沢にある福利厚生施設が利用できることになりました。新規文書を作成し、次の条件を満たすように文書を作成しましょう。

■次の内容は必ず盛り込みましょう。

文書番号	総務No.035
発信日	令和○○年3月1日
宛先	社員全員
発信者	総務部長　菊池潤
施設名	軽井沢高原リゾートビレッジ
	〒389-0100　長野県北佐久郡軽井沢町軽井沢0‐12
	TEL　0267-00-2222
利用期間	夏期のみ（7月1日～9月30日）
利用資格	社員、契約社員およびその家族
申込方法	所定の申込用紙に記入のうえ、総務部に提出する。
問い合わせ先	総務部　佐藤（内線213）

・B5用紙1枚に収まるようにしましょう。
・宛先には適切な敬称を付けましょう。
・内容に適したタイトルを付け、目立つように書式を設定しましょう。
・本年度より福利厚生施設として利用できる旨、詳しい問い合わせ先の文章を考えて入れましょう。
・見やすいように書式や配置を工夫しましょう。
・［次のページから開始］のセクション区切りを挿入し、2ページ目にファイル「軽井沢高原リゾートビレッジ」（B5、横）を挿入しましょう。
・2ページ目を任意のページ罫線で囲みましょう。

「問題31-2W」という名前で保存しましょう。

稟議書（プロジェクター購入）

プロジェクター購入の稟議書を作成しましょう。

環境マネジメントの一環として、ペーパーレス会議を推奨し、原則会議資料の配布は行わないことになりました。それに伴い、社内のすべての会議室、すべての打ち合わせコーナーにプロジェクターを設置したいので、稟議書を作成して購入の可否判断を依頼します。
稟議書フォーム「問題32」（問題27で作成したものと同じ）を使用して、次の条件を満たすように稟議書を作成しましょう。

■次の内容は必ず盛り込みましょう。

件名	コンパクトプロジェクター購入の件
決済区分	担当役員決済
起案者	経営品質部　佐藤裕翔
起案責任者	経営品質部長　近藤　茜
連絡先	内線3456（佐藤）　satou@abc××.co.jp
決済希望日	20××年5月30日
合議先	1：総務部長、2：経理部長、最終：山田役員

内容のポイント

環境マネジメント施策の一環として、ペーパーレス会議徹底のために必要なコンパクトプロジェクター「CP-0051」（ABC機器株式会社）50台を購入したい。50台の内訳は、会議室20、打ち合わせコーナー 30である。ABC機器株式会社からは、すでに提案書と見積書を入手しており、合計金額は1000万円（税込）である。メーカーと機種の選定においては機能と価格の両面から複数検討したうえで決定しており、比較検討資料を別途作成してある。プロジェクター導入による効果は、すべての会議をペーパーレスにすることで、プリンター用紙および出力費用が年間800万円節約になると試算しており、経費節減試算資料も別途作成してある。

・A4用紙1枚に収まるようにしましょう。
・内容欄の冒頭には、購入を依頼する文章を簡潔に書きましょう。
・内容のポイントは、箇条書きを使うなどして簡潔に書きましょう。
・読みやすいように、位置揃えなど工夫しましょう。

「問題32-2W」という名前で保存しましょう。

物品の購入を依頼する稟議書では、内容として、品名、数量、価格（単価や総額）、購入理由、メーカーや機種の選定理由、効果試算などを盛り込みます。添付資料があれば、資料名も明記します。

議事録（フェア企画会議）

フェア企画会議の議事録を作成しましょう。

毎年恒例の新春フェア企画会議が開催され、来年度のフェア企画がスタートしました。
以下を読んで、議事録を作成しましょう。

■次の内容は必ず盛り込みましょう。

会議名：　フェア企画会議
議題：　　来年度新春フェア企画について
日時：　　20××年10月11日（火）13:00 ～ 15:00
場所：　　2階大会議室
出席者：　営業推進部　西川部長（司会）、島田課長、今井部員、滝沢部員（書
　　　　　記）
配布資料：今年度新春フェア資料、来年度新春フェア企画案
■フェア企画会議の様子
西川：　　それではこれからフェア企画会議を始めましょう。今日の目的は、
　　　　　今年の開催状況を振り返り、来年の企画概要を共有して、今後の
　　　　　進め方を決めることです。
島田：　　はい。それではまず、私から今年度新春フェア開催状況を説明しま
　　　　　す。今年度は…、…でした。ということで、フェア会場の動線が悪
　　　　　く混乱したこと、商談コーナーが足りなかったこと、集客のための
　　　　　セミナーがいまひとつだったことが問題点です。
西川：　　島田さん、ありがとう。それでは次に、来年度の企画案を説明して
　　　　　ください。
今井：　　はい。今年度新春フェア企画概要は、…、…です。動線の件は、会
　　　　　場設計を見直すとともに誘導係を配置して混乱を防ぎます。商談
　　　　　コーナーは1.5倍に増設します。
西川：　　セミナーの件はどうですか？　今年の反省から、集客力のあるテー
　　　　　マにしたいね。
滝沢：　　今年は、全員社内講師で、内容も自社製品やサービスに関連する
　　　　　ものでした。もう少し幅広いテーマにして、講師も外部講師を入れ
　　　　　たらどうでしょうか？
島田：　　そうだね。他社のフェアではどういうセミナーを行っているか、調
　　　　　べてみようか。
滝沢：　　はい、承知しました。テーマと集客状況を調べましょう。
西川：　　大阪支社、福岡支社のフェアはどうだったのか、そちらも調べると
　　　　　いいね。
今井：　　では、そちらは私が当たってみます。
西川：　　ありがとう。では、次回は10月20日（木）13:00 ～ 14:00　同じ
　　　　　場所です。
　　　　　その際に、調査結果をまとめて報告してください。

・問題33を開いて、議事録の内容を考えて、文章を記入しましょう。
・A4用紙1枚に収まるようにしましょう。
・箇条書きを使うなど、簡潔にまとめましょう。

「問題33-2W」という名前で保存しましょう。

報告（市場調査結果）

市場調査の結果をまとめた報告書を作成しましょう。

緑茶に関する市場調査を行いました。新規文書を作成し、次の内容を基にアンケート結果と市場動向について報告書にまとめましょう。

■調査概要

調査報告者　　　　　マーケティング部　河合和也
作成日　　　　　　　令和○○年9月15日
実施方法　　　　　　街頭アンケート
目的　　　　　　　　新商品開発のため、消費者の嗜好の動向を探る
期間　　　　　　　　令和○○年9月1日（木）〜 9月2日（金）
回答者　　　　　　　ランダムに選出した男女200名（年代10代〜70代）

アンケート項目（複数回答可）
① あなたがよく飲むペットボトル飲料は何ですか？
＜選択肢＞
緑茶、ブレンド茶、機能性の茶系飲料、烏龍茶、紅茶
スポーツドリンク、野菜ジュース、ミネラルウォーター、その他

② ①で「緑茶」と答えた人に質問
数あるペットボトル飲料の中であなたが緑茶を選ぶ理由は何ですか？
＜選択肢＞
どんな食事にも合う、安売りをしていたから、ぬるくなってもおいしい
カテキンが身体に良い、カロリーオフだから、飽きない

■アンケート結果
Excelファイル「市場調査」を利用してアンケート結果のグラフを挿入する。

アンケート項目1の結果
・日本茶が高い支持を集めている。
・最も多かったのは男女ともに「緑茶」で、全体の34.6%
・「緑茶」「機能性の茶系飲料」「ブレンド茶」を合わせた「日本茶」では、全体の68.8%

アンケート項目2の結果
・最も多かったのは「どんな食事にもあう」80%
・他の飲料に比べて安価であることも選択理由。
・女性は「カテキンが体に良いから」「カロリーオフだから」と健康指向が強い。

■補足情報
緑茶成分は細菌などに対する抵抗力を高めるカテキン、ビタミンC、カフェインがあり、効用として消臭効果、虫歯予防、眠気覚まし、美肌効果、利尿作用などがある。これらの効用がメディアでも注目されており、ここ数年で市場が拡大しているが、各社の主力商品は価格競争が厳しく、安売りが一般化している。一方で、近年、数種類のお茶をブレンドしたもの、別素材と組みあわせて健康効果をねらったもの、老舗茶園と提携して商品開発したものが次々と発売されている。そうした付加価値がある場合、価格は必ずしも選択理由になっていない（価格が高くても売れている商品が複数ある－別紙資料参照）。

・A4用紙1枚に収めるようにしましょう。
・内容に適したタイトルを付け、目立つように書式を設定しましょう。
・報告書は社外秘（Internal Use Only）であることがわかるようにしましょう。
・Excelファイル「市場調査」で作成されたアンケート項目1のグラフと、アンケート項目2のグラフをコピーして貼り付けましょう。
・見やすいように書式や配置を工夫しましょう。

「問題34-2W」という名前で保存しましょう。

通達（就業規則の一部改定）

就業規則の一部改定を知らせる通達を作成しましょう。

社員に就業規則の一部が改定になることを通達する文書を作成します。他の人が校閲した文書を開き、指示に従って通達文書を仕上げましょう。

・ファイル「問題35」を開きましょう。
・変更履歴の記録をオフにしましょう。
・挿入されているコメントおよび変更履歴を参考に編集を行い、コメントは削除しましょう。
・文書を最終版として設定し、入力や編集が行えないようにしましょう。

「問題35-2W」という名前で保存しましょう。

第4章

【社内外】
企画・提案

第4章

【社内外】企画・提案

業務において、何らかのアイディアを実行に移すために、その内容を分かりやすくまとめた資料が企画書、何かを関係者に提案する資料が提案書です。いずれも、受け手に情報伝達し、内容を理解、納得してもらったうえで、何らかの行動を起こしてもらうことを目的としています。ロジカルでわかりやすいメッセージ構造でストーリーを組み立て、正確、簡潔、わかりやすい文章で書くと共に、印象深く直感的にわかるようなビジュアル表現も活用しましょう。企画書・提案書は、社内向け、社外向けの両方があります。

Point 1 What・Why・How を伝える

企画書・提案書に盛り込むポイントは、What−その企画・提案は何なのか、Why−なぜ必要なのか、How−どうやって実現するのかです。特に重要なのはWhyです。すばらしい企画・提案でも、受け手にとって必要性・重要性が感じられなければ、採用されません。受け手にとってのWhyを納得してもらえるかが採用を左右します。

What　この企画・提案はどういうものなのか？

コンセプト：	一言でいうと何なのか、概念や目的
実現イメージ：	この企画・提案が実現するもの、しくみ、状態
予想効果：	この企画・提案によって得られる効果

Why　この企画・提案がなぜ必要なのか？

背景：	現状分析結果、将来予測（仮説）など

How　この企画・提案をどうやって実現するのか？

手段：	具体的な実行方法
コスト：	実行に必要なヒト・モノ・カネ
スケジュール：	実行に必要な時間とスケジュール

Point 2 ストーリーはツリー構造で組み立てる

ストーリーはツリー構造で組み立てると、論理的で整理された流れになります。全体は、序論→本論→結論で構成します。本論は伝えたいことのかたまりを整理して、それぞれのかたまりを説明するには何が必要か、ブレイクダウンしていきます。

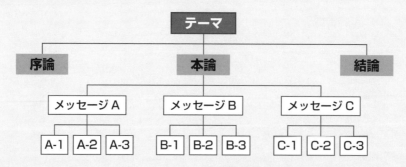

Point 3　構成がわかりやすいように見出しを付ける

ストーリー構成が受け手にわかりやすいように、見出しを付けてデザインを工夫します。見出しに行頭文字や段落番号を付けたり、背景の色を設定して目立つようにすると、構成がはっきりします。What・Why・Howを意識して、例えば、企画の主旨→目的→現状の問題点→内容・手段→スケジュール→費用、といった具合に見出しを付けて記述します。

問題 36 〜 43

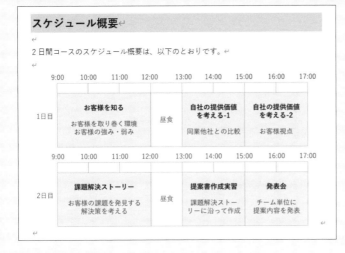

Point 4　図やグラフなどを使ってビジュアルに伝える

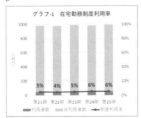

文章だけで説明するより、ビジュアル化したほうが直感的に理解できる場合は、図やグラフを活用します。Wordでは細かい図が書きにくい場合は、PowerPointやその他の作図用ソフトウエアを使って描き、コピー＆貼付けでWordに貼り付けてもよいでしょう。

後から編集する予定がなければ、形式を選択して貼り付けする機能を使って、図として貼り付けます。

問題 36　**問題 37**　**問題 43**

企画（スポットオフィス設置）

スポットオフィス設置の企画を説明する社内資料を作成しましょう。

■入力例■

```
20××年5月17日
スポットオフィス設置企画書
総務部
目的
社員の移動工数削減による生産性向上（自宅に近いスポットオフィス利用による通勤時間
削減、
外出先でのスポットオフィス利用による業務時間内の移動時間削減）

設置場所
本社、横浜事業所、埼玉事業所

選定理由
社員アンケート「スポットオフィスがあると便利な事業所」結果に基づき、各事業所の事情
を検討のうえ、条件に合う上位3位を選定。（右記グラフ-1参照）
千葉事業所は、オフィスレイアウトの事情により設置が困難と判断し、対象から除外。


スケジュール
6月1～3週目に下記スケジュールにて設置する。


役割分担
本社リーダー　→　総務部□山本成実
横浜事業所リーダー　→　総務部□佐々木真人
埼玉事業所リーダー　→　総務部□中村怜子
協力会社　→　いろはオフィス機器株式会社（レイアウト工事・PC備品設置）
　　　　　→　ABC情報システムズ株式会社（network工事）
```

文書を新規作成し、入力例を参考に文章を入力しましょう。

1. ページの余白を、［やや狭い］にしましょう。

2. すべての行を選択して、游ゴシック、11ポイントにしましょう。

3. すべての行を選択して、［1ページの行数を指定時に文字を行グリッド線に合わせる］の
チェックを外しましょう。

4. 2行目を中央揃え、18ポイント、太字、背景の色を［オレンジ、アクセント2、白+基本
色60%］にしましょう。

5. 1行目と3行目の段落を右揃えにしましょう。

6. 4行目「目的」、8行目「設置場所」、11行目「選定理由」、17行目「スケジュール」、21行
目「役割分担」を太字にして、段落番号［1.2.3.］を設定しましょう。

7. 22～26行目の12字の位置に左揃えタブを設定しましょう。

8. ファイル「アンケート結果」のグラフをコピーして、Word文書の11行目あたりに図として貼り付けましょう。[文字列の折り返し] を [四角形] にして、[ページ上で位置を固定する] を設定し、完成例を参考に、大きさや位置を調整しましょう。

9. ファイル「スポットオフィス設置スケジュール」の図の部分をコピーして、Word文書の19行目（空行）に図として貼り付けましょう。完成例を参考に、大きさや位置を調整しましょう。

「問題36-2W」という名前で保存しましょう。

■完成例■

20××年5月17日

スポットオフィス設置企画書

総務部

1.→ 目的
社員の移動工数削減による生産性向上（自宅に近いスポットオフィス利用による通勤時間削減、外出先でのスポットオフィス利用による業務時間内の移動時間削減）

2.→ 設置場所
本社、横浜事業所、埼玉事業所

3.→ 選定理由
社員アンケート「スポットオフィスがあると便利な事業所」結果に基づき、各事業所の事情を検討のうえ、条件に合う上位3位を選定。
（右記グラフ-1 参照）
千葉事業所は、オフィスレイアウトの事情により設置が困難と判断し、対象から除外。

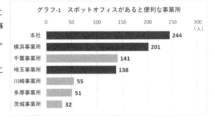

4.→ スケジュール
6月1～3週目に下記スケジュールにて設置する。

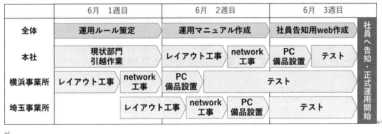

5.→ 役割分担
本社リーダー　　　　　　→　　　総務部□山本成実
横浜事業所リーダー　→　総務部□佐々木真人
埼玉事業所リーダー　→　総務部□中村怜子
協力会社　　　　　　　→　　　　　いろはオフィス機器株式会社（レイアウト工事・PC備品設置）
　　　　　　　　　　　　→　　　　　ABC情報システムズ株式会社（network工事）

提案（在宅勤務制度改定）

在宅勤務制度の改定を提案する社内資料を作成しましょう。

ファイル「問題37」を開きましょう。

1. ページの余白を、上下を15mm、左右を20mmにしましょう。

2. すべての行を選択して、游ゴシック、11ポイントにしましょう。

3. すべての行を選択して、段落の［1ページの行数を指定時に文字を行グリッド線に合わせる］のチェックを外しましょう。

4. 「無駄な工数の発生」の行から2ページ目になるように、ページ区切りを挿入しましょう。

5. 1ページ目の2行目に、中央揃え、18ポイント、太字を設定し、線の太さ3ポイント、色［オレンジ、アクセント2、黒＋基本色25%］の段落罫線を上下に設定しましょう。

6. 1ページ目の1行目と3行目の段落を右揃えにしましょう。

7. 1ページ目の5行目「提案主旨」に、12ポイント、太字、背景の色［オレンジ、アクセント2、白＋基本色80%］を設定しましょう。「目的」、「現状の問題点」、「制度改定後の効果予測」、「管理特性・目標値」、「実現に向けた検討事項」の行も同様にしましょう。

8. 1ページ目の9 ～ 12行目の8字の位置に左揃えタブを設定しましょう。

9. 2ページ目の18 ～ 20行目の8字と25字の位置に左揃えタブを設定しましょう。

10. 1ページ目の「人材の流出」の行に段落番号［1.2.3.］を設定し「1. 人材の流出」にして、太字にしましょう。同様に、2ページ目の「無駄な工数の発生」を「2. 無駄な工数の発生」、「コミュニケーション活性化の工夫」を「1. コミュニケーション活性化の工夫」、「「いつでもどこでも」を実現するICT技術」を「2.「いつでもどこでも」を実現するICT技術」にして、太字にしましょう。

11. 1ページ目の21 ～ 23行目に、行頭文字［●］の箇条書きを設定しましょう。同様に、2ページ目の3 ～ 6行目に、行頭文字［●］の箇条書きを設定しましょう。

12. 1ページ目の25行目に、ファイル「グラフ」のグラフ-1とグラフ2を図として貼り付けて、完成例を参考に、大きさを調節しましょう。グラフ-1とグラフ-2の間に、全角スペースを1文字入れましょう。同様に、2ページ目の8行目に、グラフ-3とグラフ-4を貼り付けましょう。

「問題37-2W」という名前で保存しましょう。

20××年3月1日

在宅勤務制度改定提案書

人事部人事グループ

提案主旨
育児・介護中の社員対象の制度から、全社員対象の制度へ運用範囲を拡大する。

【参考】
現在は以下のルールで制度運用中。

対象者：	→	小学生未満の子供を持つ社員、要介護認定1以上の家族を持つ社員
申請方法：	→	所属部門長の承認を得て、証明書添付のうえ人事部へ申請
利用方法：	→	週1回以上、半日以上は出社を原則とする
	→	月初に在宅勤務計画書を作成し、所属部門長および直属上長の承認を得る

目的
様々な事情を抱える社員がフレキシブルに働ける環境を提供し、人材の有効活用を実現する。
移動時間・待ち時間の削減により、労働時間削減、交通費削減を実現する。

現状の問題点
1. → **人材の流出**
育児・介護以外の理由を認めないため、以下のような社員は制度を利用できず退職している。
● → 家族の就学・転勤などの事情で、自宅が勤務地から遠くなった。
● → 本人のケガ・病気によって、業務は継続できても通勤が困難になった。
● → 要介護認定には至らない程度だが、1日のうち一定時間の支援が必要な家族がいる。

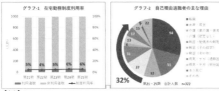

【考察】
グラフ-1：現在の制度利用率は6%、制度開始以来同程度で推移しており、活用が進んでいない。
グラフ-2：過去5年間の自己理由退職者のうち32%は在宅勤務によって継続できた可能性有。

―――― 次ページ ――――

---

2. → **無駄な工数の発生**
会社に出社するのを前提で働いているため、以下のような無駄な工数が発生している。
● → 資料作成など場所に関係ない業務を行う日でも、往復移動時間・交通費をかけて出社する。
● → Web会議で代替できる内容の会議でも、移動時間・交通費をかけて外出する。
● → 外出先から業務時間内に帰社する場合は、移動時間・交通費をかけて帰社する。
● → 時差がある海外とのweb会議のために、会議時間まで残業して待つ。

【考察】
グラフ-3：事務職でも15%も移動工数有。試算の結果、移動工数半減で総労働時間8%減。
グラフ-4：社員の75%が往復1時間以上かけて通勤しており、負担になっている。

制度改定後の効果予測
制度の利用率が向上し、人材の有効活用を実現。
労働時間削減、交通費削減により、社員のワークライフバランスの向上とコスト削減を実現。

管理特性・目標値

制度利用率	→	前年度実績□6%	→	今年度目標□80%
労働時間	→	前年度実績□1,956時間/年	→	今年度目標□1,800時間/年（8%減）
旅費交通費	→	前年度実績□7,540M円/年	→	今年度目標□6,000M円/年（20%減）

実現に向けた検討事項
1. → **コミュニケーション活性化の工夫**
運用ルールは育児・介護理由の場合と変わらないが、多くの社員が制度を利用することによりコミュニケーションが希薄にならないようにする工夫が必要。人事部内で対策を検討する。

2. → **「いつでもどこでも」を実現するICT技術**
メール、電話、web会議、社内サーバーへのアクセス、クラウド経由の文書共有など、出社せずに業務を行うためのインフラ強化やICTツール提供が必要。情報システム部で対策を検討する。

基礎 問題 38 提案（システム導入）

お客様に文書管理システムを提案する提案書を作成しましょう。

ファイル「問題38」を開きましょう。

1. ページの余白を、上20mm、下15mm、左右30mmにしましょう。

2. すべての行を選択して、游ゴシック、11ポイントにしましょう。

3. すべての行を選択して、段落の [1ページの行数を指定時に文字を行グリッド線に合わせる] のチェックを外しましょう。

4. 「ご提案の主旨」の行から2ページ目になるように、ページ区切りを挿入しましょう。

5. 1ページ目の1行目と3行目の段落を右揃えにしましょう。

6. 1ページ目の5 〜 6行目に、中央揃え、22ポイント、太字を設定し、線の太さ6ポイント、色 [青、アクセント1、黒＋基本色25％] の段落罫線で囲みましょう。

7. 1ページ目の10 〜 14行目の「このたびは〜よろしくお願い申し上げます。」の段落に1字分の字下げインデントを設定しましょう。

8. 1ページ目の19 〜 21行目の30字の位置に左揃えタブを設定しましょう。

9. 2ページ目の1行目に、16ポイント、太字、フォントの色 [白、背景1] 背景の色 [青、アクセント1、黒＋基本色25％] を設定しましょう。「現状の問題点（事前にお伺いした内容）」、「弊社がご提案する対策」、「効果予測」の行も同様に設定しましょう。

10. 2ページ目の3行目を、中央揃え、16ポイント、太字にしましょう。

11. 2ページ目の9行目「文書保管スペース増大」、10行目「サーバーの乱立」、12行目「情報のサイロ化」、14行目「情報検索が困難」を太字にしましょう。

12. 2ページ目の9 〜 14行目の15字の位置に左揃えタブを設定しましょう。

13. 2ページ目の18行目「文書保管スペース低減」の行を太字にして、段落番号 [1.2.3.] を設定しましょう。2ページ目の22行目「サーバー管理の最適化」、26行目「情報活用を強力にサポート」の行も同様に設定しましょう。

14. 2ページ目の19 〜 21行目に、行頭文字 [●] の箇条書きを設定し、インデントを1段階増やしましょう。2ページ目の23 〜 25行目、27 〜 29行目、36 〜 38行目も同様にしましょう。

「問題38-2W」という名前で保存しましょう。

20××年5月24日

ARC商事株式会社□御中

いろは情報システム株式会社

文書管理システム
「Iroha·Document-24」のご提案

拝啓□新緑の候、貴社ますますご盛栄のこととお慶び申し上げます。平素は格別のお引き立てをいただき、厚く御礼申し上げます。

　このたびは、弊社の文書管理システムについてお問合せをいただき、誠にありがとうございます。弊社が長年の経験からお客様にご提供している文書管理コンサルティングと、文書管理システム「Iroha·Document-24」について、提案概要をご説明いたします。また、パンフレットをはじめとする関連資料もご用意いたしましたので、ぜひご一読いただき、詳細提案の場をいただきたく、よろしくお願い申し上げます。

敬具

記

同封
「Iroha·Document-24」パンフレット　　　→　　　1部
弊社がご提供する文書管理コンサルティングとは　→　　　1部
お客様事例集　　　　　　　　　　　　　→　　　1部

お問合せ先
いろは情報システム株式会社
ソリューション営業部□営業1課
佐野有希
Tel□03-0567-1234□□Fax□03-0567-1235
yuki.sano@iroha-is××.co.jp

以上

――――――― 改ページ ―――――――

ご提案の主旨

「文書の共有と活用の促進による業務生産性向上の実現」

文書管理コンサルティングによる仕組みの構築と、「Iroha·Document-24」による電子文書管理システムの構築の両輪でサポートいたします。

現状の問題点（事前にお伺いした内容）

文書保管スペース増大	→	大量の紙文書がオフィス内に溢れている
サーバーの乱立	→	サーバーは部門別にあり、システムもバラバラ
	→	情報セキュリティ懸念から部門間共有が進まない
情報のサイロ化	→	各個人のパソコン内だけに保存されている文書も多い
	→	情報セキュリティ懸念からクラウド活用が進まない
情報検索が困難	→	必要な情報をみつけるのに時間がかかる

弊社がご提案する対策

1.→文書保管スペース低減
　●→オフィス内の紙文書の整理整頓支援（運用ルール構築）
　●→紙保存/電子保存の見極め支援
　●→紙文書の電子化（スキャン、属性情報の付与、サーバー格納）支援
2.→サーバー管理の最適化
　●→サーバー内の電子文書の整理整頓支援（ファイル体系再構築）
　●→複数サーバーをバーチャルにつないで一元管理を実現□※
　●→高度なアクセス権管理による「必要な人にだけ開示」を簡単に実現□※
3.→情報活用を強力にサポート
　●→高速検索システムによる文書検索スピードアップ□※
　●→クラウドセキュリティサービス機能による安心活用□※
　●→不要文書を自動的に検出するアラート機能による整理整頓の継続支援□※

※マークは「Iroha·Document-24」の機能です。添付のカタログをご参照ください。

効果予測

弊社がご支援したお客様では、以下の効果を実現しています。
　●→オフィス内の文書管理スペース平均70%削減
　●→文書検索スピード大幅アップ□平均30秒以内に検出（サンプリング調査）
　●→文書管理システムへの社員満足度4.5以上（5点満点）

企画（新商品プロモーション）

お客様に新商品プロモーション企画を説明する企画書を作成しましょう。

ファイル「問題39」を開きましょう。

1. ページの余白を、上25mm、下15mm、左右30mmにしましょう。

2. すべての行を選択して、日本語用フォントをHG丸ゴシックM-PRO、英数字用フォントをArialにしましょう。

3. 「企画の主旨」の行から2ページ目、「活動スケジュール概要」から3ページ目になるように、ページ区切りを入れましょう。

4. 1ページ目の3〜7行目の段落を中央揃え、8〜9行目の段落を右揃えにしましょう。

5. 1ページ目の1〜2行目と8〜9行目を12ポイント、3〜6行目を20ポイントにしましょう。

6. 1ページ目の1行目、3行目、8行目の段落前の間隔を5行、6行目の段落前の間隔を3行にしましょう。

7. 1ページ目の7行目に、画像ファイル「コンセプト」を挿入しましょう

8. 2ページ目の1行目に、太字、12ポイントを設定し、行頭文字 [◆]、行頭文字の色 [標準の色] の [薄い青] の箇条書きを設定しましょう。2ページ目の5行目、12行目、15行目、18行目、3ページ目の1行目、17行目、21行目も同様に設定しましょう。

9. 2ページ目の表の1列目の塗りつぶしの色をカラーモデル [RGB] の赤「231」、緑「249」、青「255」にしましょう。

10. 3ページ目の4〜9行目の6字の位置に左揃えタブを設定しましょう。

11. 3ページ目の最終行の「以上」を、右揃えにしましょう。

12. 文書全体に線の太さ2.25ポイント、色 [薄い青] のページ罫線を設定しましょう。

13. 「問題39-2W」という名前で保存しましょう。

14. 「ABCボトラーズ様向けスポーツ飲料プロモーション企画書」という名前で、PDFファイルとして保存しましょう。

■完成例■（1ページ目）

ABCボトラーズ株式会社
広報宣伝部　御中

スポーツ飲料「Let's Sports！」シリーズ
来年度プロモーション企画書

－コンセプト－

スポーツする人のそばに、
いつもABCボトラーズ！

20××年10月5日
いろは企画株式会社

■完成例■（2ページ目）

◆　企画の主旨
スポーツ飲料ならABCボトラーズという意識付けをするプロモーションを展開します。
商品イメージを向上させ、スポーツをする幅広い年齢層の消費者獲得を目指します。

◆　背景
昨年のプロモーションでは、アイドルを起用して若年層を中心に一定の効果を得ましたが、
幅広い年齢層にアプローチした競合商品にシェアを奪われ、計画未達という結果でした。
近年、健康志向の高まりから、中高年のスポーツ人口は伸びており（別紙資料参照）、スポ
ーツは若年層中心ではなく、幅広い年齢層に広がっています。貴社商品の認知度を向上させ、
売上増を狙うには、幅広い年齢層対象のプロモーションが必要です。

◆　期間
20××年5月1日～10月31日（6か月間）

◆　対象商品
「Let's Sports！」シリーズ（グレープフルーツ味、レモン味、ラズベリー味）

◆　内容
野球、サッカー、テニス、マラソン、ゴルフ、水泳、それぞれの有名選手を起用します。
試合中ではなく「オフのとき」「練習中」にABCボトラーズのスポーツ飲料を飲む姿をアピ
ールすることで、スポーツ飲料ならABCボトラーズという意識付けにつなげます。

テレビ・ラジオ	試合中ではなく「オフのとき」「練習中」にABCボトラーズのスポーツ飲料を飲む姿にフォーカスしたCMを展開する。
公式webサイト	プロモーション公式サイトを立ち上げて情報発信するとともに、事務局による公式ブログやSNS活用により、双方向のコミュニケーション活性化を図る。
キャンペーン	ペットボトルに添付するシールのポイントを集めると、スポーツイベント招待チケット、各種スポーツ用品（選手サイン入り）、ノベルティグッズなどが当たる懸賞キャンペーンを行う。
イベント	量販店、スーパー、小売店のほか、スポーツイベント会場、コンサート会場などで試供品とノベルティグッズを配布する。
雑誌、新聞、ポスター	試合中ではなく「オフのとき」「練習中」にABCボトラーズのスポーツ飲料を飲む姿にフォーカスした広告を掲載する。選手の背景がわかる物語をつける。

■完成例■（3ページ目）

◆　活動スケジュール概要
来年5月のプロモーション開始に合わせて、以下のスケジュールを予定しています。

11月　　　起用選手の選定・交渉・契約
12月　　　CM・ポスター企画、選手キャラクターイメージ作成、ノベルティグッズ企画
1月　　　CM・ポスター制作、広告媒体との交渉・契約
2～3月　　ノベルティグッズ制作、雑誌・新聞広告制作、web構築
4月　　　各種イベント実施準備
5月　　　プロモーション開始

－備考－
起用選手の候補選定はすでに終わっており、弊社からの打診は進めております。
貴社のご判断を受けて、詳細の交渉、契約を行います。
CM・ポスター、ノベルティグッズ、webなど、各種制作は弊社グループ企業の連携によっ
て、すべてご提供可能です。人員の確保は完了しております。

◆　目標
スポーツ飲料分野における認知度向上　前年度32%　→　今年度70%
対象商品売上高　対前年20%増

◆　費用概算
合計　8,000万円（内訳　添付資料参照）

以上

企画 (新サービス開始)

新サービスの開始を提案する企画書を作成しましょう。

社内の企画書会議で新しいサービスの開始について提案することになりました。新規文書を作成し、次の要件を満たすように企画書にまとめてみましょう。

■次の内容は必ず盛り込みましょう。

提出日	20××年5月27日
提出者	企画部　園部亮太郎
添付資料	予算見積書

・企画の内容は次のとおりです。「概要」、「企画の背景」、「内容」、「効果」、「費用」、「添付資料」の各項目に分け、まとめましょう。

> アンケート調査を実施したところ、ビジネスパーソンは外回りや長時間のデスクワークで疲れが溜まっていても、時間がない、近くにお店がないという理由でリフレッシュする機会がないという意見が多かった。また電光新聞5月1日付『ストレスは5月病とともに増大?』によると、社会人の2人に1人はストレス過多になるという統計も発表されたという。
> そこで、ここに着目し、移動式マッサージ店「足楽屋(あしらくや)」を企画した。「足楽屋」では、短時間で効果が得られ、着替える手間もない「足つぼマッサージ」を行う。
> このサービスの特長は以下のとおり。
> ・ビジネスパーソンを主な対象とする。
> ・特注のリクライニングチェアでゆったりとくつろげる。
> 　(使用する車両は、株式会社ジャパン自動車と共同開発する)
> ・ベテランマッサージ師が固定店舗と変わらない技術を提供する。
> ・オフィス街を中心に曜日ごとに移動する。電話をもらえば会社のそばまで行く。
> ・料金は1分100円で、5分〜20分の範囲で施術を行う。
> このサービスにより、今までマッサージをあまり利用しなかった新たな客層を取り込むことができ、弊社の知名度や技術の高さを幅広くアピールできる。リピーターを増やすことで、固定店舗への来店へつなげる。売上は月60万円の見込み。好評なら、車両を増やし活動範囲を拡大していく。費用は車両3台600万円。

・1ページ目に表紙を付け、A4用紙3枚に収めましょう。
・ページ番号を用紙右上に表示させましょう。ただし、1ページ目が「0」から始まるように設定し、表紙のページ番号は非表示にしましょう。
・「アンケート調査」と「料金1分100円」にそれぞれ脚注を挿入し、「4月〜5月にかけて各店舗来店客にアンケート用紙配布によって集計した。」、「オープニングキャンペーン」という脚注の内容を記載しましょう。
・「社会人の2人に1人はストレス過多になるという統計も発表された」という文章に引用文献の挿入を行いましょう(電光新聞5月1日付『ストレスは5月病とともに増大?』)。
・「社外秘　禁複写」の透かしを入れましょう。
・見やすいように書式や配置を工夫しましょう。

「問題40-2W」という名前で保存しましょう。

企画（販売促進イベント）

イベントの実施を提案する企画書を作成しましょう。

商品の売上を拡大するプロモーションの一環として、イベントを企画しました。新規文書を作成し、次の要件を満たすように企画書にまとめてみましょう。

■次の内容は必ず盛り込みましょう。

提出日	20××年2月5日
宛先	販売促進部長
提出者	販売促進部　第二企画課　小林明子
添付資料	試供品配布先リスト
	予算見積書

・A4用紙1枚に収まるようにしましょう。
・企画の内容は次のとおりです。「名称」、「会期」、「会場」、「企画意図」、「内容」、「効果」、「費用」、「添付資料」の項目に分け、わかりやすくまとめましょう。

・昨年秋に発売したスポーツ飲料の「ACUTE（アクート）」の売上を拡大するためのプロモーション活動の一環としてイベントを企画した。
・イベントの方法は試供品の配布と試飲販売である。
・試供品は人気歌手のコンサート会場の入り口で配布し、売店でも販売する。このコンサートは全国9都市で行われ、昨年は合計30万人を動員した。
・会場：3月3日〜4日東京、5〜6日札幌、8〜9日仙台、10〜11日新潟、13〜15日名古屋、16〜17日大阪、19〜20日姫路、21〜22日高松、24〜25日福岡
・試飲販売はキャンペーンキャラクター「アクート」のぬいぐるみを着て、全国500か所のスーパー・量販店などで行う。キャンペーンキャラクター「アクート」のストラップのおまけを付けたキャンペーン限定品を販売する。
・今年は昨年よりもコンサートの観客動員数が増えると予想されているため、試供品を配布することで多くの見込み客を確保できる。
・スーパー等ではストラップのおまけがきっかけとなって子供や若者に関心をもってもらい、次回への購入へつながることが期待される。15%アップの売上を見込んでいる。
・アルバイトの人件費として700万円、試供品、試飲の費用として2,000万円、運搬、雑費として150万円を見込んでいる。

・内容に適したタイトルを付け、目立つように書式を設定しましょう。
・見やすいように書式や配置を工夫しましょう。

「問題41-2W」という名前で保存しましょう。

提案（業務改善提案書）

業務改善提案書のテンプレートを作成しましょう。

会社では、社員の問題発見・解決力強化と、業務改善によるQCD（Quality品質、Cost費用、Delivery納期）改善のために、日々の業務のなかで気が付いたことがあったら、その都度「業務改善提案書」に記入して提案することになりました。社員が使用する共通フォーマットとして、業務改善提案書のテンプレートを作成しましょう。

■次の内容は必ず盛り込みましょう。

> 書式No.0024、提出日、所属長の役職、自分の所属、自分の名前、テーマ、
> 改善分類（Quality品質、Cost費用、Delivery納期）、現状の問題点、改善案、
> 効果予測、備考、所属長記入欄

・A4用紙1枚に収まるようにしましょう。
・書式No.は、フォームの右上に囲み線を付けて配置しましょう。
・提出日は日付選択コンテンツコントロールから選択できるようにしましょう。
・所属長の役職は「営業部　部長」、「総務部　部長」、「マーケティング部　部長」、「企画部　部長」を選択できるようにコンボボックスコンテンツコントロールを設定しましょう。
・自分の所属は「営業部」、「総務部」、「マーケティング部」、「企画部」を選択できるようにコンボボックスコンテンツコントロールを設定しましょう。
・「自分の名前」、「テーマ」、「現状の問題点」、「改善案」、「効果予測」、「備考」、「所属長記入欄」は、テキストコンテンツコントロールを設定しましょう。
・「改善分類（Quality品質、Cost費用、Delivery納期）」は、1つ、または複数にチェックできるように、チェックボックスコンテンツコントロールを設定しましょう。
・作成後は、各コンテンツコントロールのみ入力または選択できるよう、文書に保護を設定しておきましょう。
・「業務改善提案書W」という名前でテンプレートとして保存しましょう。

「問題42-2W」という名前で保存しましょう。

提案（営業力強化研修）

お客様に営業力強化研修を提案する提案書を作成しましょう。

お客様から営業力強化研修の問い合わせがあり、ご要望を伺いました。伺った内容を整理して、それに対する提案書を作成しましょう。

■次の内容は必ず盛り込みましょう。

宛先： ABCオフィス機器販売株式会社
タイトル： 営業力強化研修のご提案
提案日： 20××年7月23日
提案者： いろは人材開発コンサルティング株式会社
受講対象者： 営業マネージャー8名様、営業52名様、合計60名様
費用概算（税別）： 講師派遣料は1日40万円、受講料は1人1日1万円

■お客様から伺った内容
これまでは、商品力の高さから、引き合いに対応するだけで売上目標はおおよそ達成できる状況だったが、近年、同業他社の商品力も上がってきており、競争が激しくなりつつあるなか、営業力不足を感じている。担当するお客様への興味が薄く、商品説明に終始し、お客様の課題に目を向けないし、提出している提案書も、提案書とは名ばかりで、機能比較と費用見積しか書いていない。もっと、お客様をよく理解したうえで、お客様の課題を解決する提案ができるようにしたい。

■提案する研修内容
課題解決型営業を目指して、3つの柱で研修を行う。1つ目は、お客様を知ること。お客様の課題を解決する提案を行うには、お客様を徹底的に理解することが不可欠。お客様を取り巻く環境、お客様の内部環境（強み、弱み）の両面から考える方法を学ぶ。2つ目は、自社の提供価値を考えること。お客様の課題を解決する手段として、自社商品がどのような価値を持つのか、考えたり、自社の提供価値をお客様視点で考えることを学ぶ。3つ目は、課題解決型ストーリーで提案すること。お客様の課題に対して、自社の提供価値を伝えるための提案書作成について学ぶ。1回20名様、合計3回を提案する。

・1ページ目に表紙を付け、A4用紙4枚に収めましょう。
・ページ番号を下中央に表示させましょう。ただし、1ページ目が［0］から始まるように設定し、表紙のページ番号は非表示にしましょう。
・2ページ目に、研修の問い合わせへのお礼、伺った内容に沿って提案するので修正の要望があれば相談してほしいこと、貢献したいことを伝える文章を入れましょう。
・スケジュール概要は、ファイル「スケジュール概要」から貼り付けましょう。
・見やすいように書式や配置を工夫しましょう。

「問題43-2W」という名前で保存しましょう。

第 **5** 章

【社内外】
パンフレット・ポスター

第5章

【社内外】パンフレット・ポスター

パンフレットやポスターは、受け手の注意を引き、興味を持ってもらい、情報伝達するための文書です。社内向け、社外向けの両方があります。業務で使用するものだけでなく、地域社会などさまざまな場面で作成します。フォントの大きさやデザインを工夫したり、伝えたいイメージに合わせてカラーを活用したり、イラスト・図・写真などビジュアル要素を盛り込んだりします。

Point 1 ポスターは情報量を絞って大胆に

ポスターは掲示して読んでもらう文書です。手元に配って読んでもらう場合と違って、掲示したときに読みやすいように、情報量を極力絞って、タイトルや重要なキーワードは大きな文字で書きます。特にタイトルは、大胆なデザインで目を引くとよいでしょう。文字の背景の色を設定したり、図を使ったり、文字の効果と体裁機能で影・反射・光彩などを使って派手にする方法もあります。

問題 44 　問題 47 　問題 48 　問題 50

お互いの現場を知ろう！
異職種交流会

- 営業職の仕事紹介
- 技術職の仕事紹介
- チーム単位でQ&A

11 月 10 日（木）
15:00～17:30
本社大会議室
営業職・技術職　各 100 名

積極的なご参加をお待ちしております
お申し込みは、人事部 HP から参加登録（先着順）
人事部 教育グループ 担当：石倉（内線 244）

ガーデニング
講習会
参加者募集

日時	4 月 10 日　13:00～15:00
場所	町内会集会所　大会議室
定員	30 名
申込方法	事務局まで電話申込 申込が定員を超えた場合は抽選となります。 参加可否は 4 月 2 日に事務局から電話連絡を差し上げます。
申込期限	4 月 1 日
事務局	吉野町 2 丁目　酒井（03-0123-4567）
備考	汚れてもよい服装でお出かけください。 参加者全員に花の種をプレゼント！
協賛	いろは園芸

Point 2 　伝えたいイメージに合わせてカラー活用

ポスターやパンフレットは、伝えたいイメージに合わせてカラー活用にも留意します。色は、赤・青といった色合い、明るさ、鮮やかさによって印象が変わります。例えば、赤・オレンジ・黄などの暖色系の色合いは暖かい・活発な印象、青・水色などの寒色系は寒い・冷静な印象です。明るさは、明るくなるほど軽快でさわやかな印象になり、暗くなれば重厚で落ち着いて見えます。鮮やかさは、鮮やかになるほど派手で目を引きます。伝えたいイメージに合わせて選びましょう。

問題 44〜50

Point 4 　定型化できるパンフレットはフォームを用意

フェアのご案内のように、内容は毎回違っても、同じ形式のパンフレットを何度も作成するなら、定形化してフォームを用意しておくと便利です。

問題 49

ポスター（経営方針）

社員に経営方針を周知徹底するためのポスターを作成しましょう。

■入力例■

```
経営方針↵
コミュニケーション変革で↵
世界を変える企業を目指して↵
挑戦と成長↵
重点施策↵
海外市場開拓による売上拡大↵
業務プロセス改革による生産性向上↵
挑戦を奨励する企業風土創り↵
↵
```

文書を新規作成し、入力例を参考に最後の空白行まで文章を入力しましょう。

1. ページの余白を［やや狭い］に設定しましょう。

2. すべての行のフォントをHG正楷書体-PROにし、太字にしましょう。

3. すべての行を中央揃えにして、［1ページの行数を指定時に文字を行グリッド線に合わせる］のチェックを外しましょう。

4. 1〜3行目を36ポイント、4行目を90ポイント、5〜9行目を28ポイントにしましょう。

5. 4行目に以下の設定をしましょう。

文字の輪郭	濃い赤
影	［オフセット（右下）］
光彩	［光彩：18pt：オレンジ、アクセントカラー 2］

6. 5行目の背景の色を［濃い赤］に設定して、文字の色を［白］にしましょう。

7. 9行目に画像ファイル「EFGHロゴ」を挿入し、完成例を参考に大きさを調整しましょう。

8. ページの色に［オレンジ、アクセント2、白+基本色80%］を設定しましょう。

9. 各行の段落の間隔を調整して、ポスターとしての見栄えを整えましょう。

4行目	段落前1.5行、段落後2行
5行目	段落前0行、段落後2行
6〜8行目	段落前0行、段落後1.5行
9行目	段落前3行、段落後0行

「問題44-2W」という名前で保存しましょう。

経営方針←

コミュニケーション変革で←

世界を変える企業を目指して←

挑戦と成長←

重点施策←

海外市場開拓による売上拡大←

業務プロセス改革による生産性向上←

挑戦を奨励する企業風土創り←

EFGH Information Service
コミュニケーション変革で世界を変える企業←

基礎 問題 45 パンフレット（新製品体験会）

新製品発売記念の体験会を知らせるパンフレットを作成しましょう。

■入力例■

あなたの健康をサポートする↵
アサイー＆ミックスベリードリンク↵
「アサベリ Premium」↵
新発売記念試飲会↵

いつまでも健康で美しくありたい…そうお考えの皆さまにお届けするアサイー＆ミックス
ベリードリンク「アサベリ Premium」は、ABCD 製薬株式会社が医薬品分野で培ってきた
技術を生かし、アサイーの持つパワーを最大限に引き出した画期的な飲料です。アサイーの
ほか、ブルーベリー、ラズベリー、ストロベリーなど 7 種類のベリーをミックス！おいしく
飲んで、体の中から美しくありたいあなたをサポートいたします。↵

アサイーって何ですか？↵
アサイーは、ブラジルのアマゾンを原産地とするヤシ科の植物の実で、見た目はブルーベリ
ーに似た果物です。ポリフェノールの一種であるアントシアニン、鉄分、食物繊維、カルシ
ウムが豊富です。↵
アサイーの効果は？↵
アサイーに含まれるアントシアニンは、優れた抗酸化力があり、老化の原因となる活性酸素
を抑制する効果があると言われています。また、眼精疲労回復にも効果があります。眼精疲
労回復というとブルーベリーが有名ですが、アサイーはブルーベリーの 18 倍もアントシア
ニンを含んでいます。↵
↵
試飲会でぜひ「アサベリ Premium」のおいしさを体験ください↵
7 月 1〜3 日限定□「アサベリ Premium」試飲会開催↵
ABCD 製薬株式会社□本社ショウルーム↵
9:00〜17:30（最終日 18:00 まで）↵
ご来場の際に本パンフレットをご持参の方には↵
各日先着 200 名様にミニプレゼントをご用意しております。↵
皆さまのご来場を心よりお待ち申し上げます。↵

新発売キャンペーン特別価格でご提供中（7 月 31 日まで）↵
お申し込みは web またはフリーダイヤルまで↵
http://abcd××.co.jp/asaberi/□□□0120-123-4567↵

文書を新規作成し、入力例を参考に文章を入力しましょう。

1. ページの余白を［やや狭い］に設定しましょう。

2. すべての行を選択して、日本語用フォントを游ゴシック、英数字用フォントを日本語フォントと同じに設定しましょう。

3. すべての行を選択して、段落の［1ページの行数を指定時に文字を行グリッド線に合わせる］のチェックを外しましょう。

4. 1〜2行目を18ポイント、3〜4行目を36ポイント、20行目と28〜29行目を16ポイント、30行目を18ポイントにしましょう。

5. 3〜4行目を中央揃えにしましょう。

6. 3行目、12行目、15行目、30行目を太字にしましょう。

7. 1〜4行目、12行目、15行目、20行目、28行目のフォントの色を［その他の色］のカラーモデルRGB　赤：204、緑：0、青：102に設定しましょう。

8. 「ご来場の際に本パンフレットをご持参の方には各日先着200名様にミニプレゼント」の文字を太字にして、フォントの色を［その他の色］のカラーモデルRGB　赤：128、緑：0、青：128に設定しましょう。

9. ヘッダーに画像ファイル「ピンク」を挿入して、文字列の折り返しを［背面］にしましょう。完成例を参考に、縦横比が崩れないようにして、画像の位置と大きさを調節しましょう。

10. 12 〜 18行目の背景の色を［その他の色］のカラーモデルRGB　赤：250、緑：235、青：255に設定しましょう。

11. 27行目に画像ファイル「女性」を挿入して、文字列の折り返しを［前面］にしましょう。完成例を参考に、画像ファイルの位置と大きさを調節しましょう。

「問題45-2W」という名前で保存しましょう。

■完成例■

あなたの健康をサポートする

アサイー＆ミックスベリードリンク

「アサベリ Premium」

新発売記念試飲会

いつまでも健康で美しくありたい…そうお考えの皆さまにお届けするアサイー＆ミックスベリードリンク「アサベリ Premium」は、ABCD 製薬株式会社が医薬品分野で培ってきた技術を生かし、アサイーの持つパワーを最大限に引き出した画期的な飲料です。アサイーのほか、ブルーベリー、ラズベリー、ストロベリーなど 7 種類のベリーをミックス！おいしく飲んで、体の中から美しくありたいあなたをサポートいたします。

アサイーって何ですか？
アサイーは、ブラジルのアマゾンを原産地とするヤシ科の植物の実で、見た目はブルーベリーに似た果物です。ポリフェノールの一種であるアントシアニン、鉄分、食物繊維、カルシウムが豊富です。
アサイーの効果は？
アサイーに含まれるアントシアニンは、優れた抗酸化力があり、老化の原因となる活性酸素を抑制する効果があると言われています。また、眼精疲労回復にも効果があります。眼精疲労回復というとブルーベリーが有名ですが、アサイーはブルーベリーの 18 倍もアントシアニンを含んでいます。

試飲会でぜひ「アサベリ Premium」のおいしさを体験ください

7 月 1 〜 3 日限定□「アサベリ Premium」試飲会開催
ABCD 製薬株式会社□本社ショウルーム
9:00〜17:30（最終日 18:00 まで）
ご来場の際に本パンフレットをご持参の方には
各日先着 200 名様にミニプレゼントをご用意しております。
皆さまのご来場を心よりお待ち申し上げます。

美しさを追求する
すべての女性へ
自信を持って
お届けします

新発売キャンペーン特別価格でご提供中（7 月 31 日まで）

お申し込みは web またはフリーダイヤルまで

http://abcd××.co.jp/asaberi/□□□**0120-123-4567**

パンフレット（ボランティア募集）

地域イベントのボランティアを募集するパンフレットを作成しましょう。

■入力例■

20××年 10 月 1 日

居住者各位

マンションコミュニティ委員会

ハロウィンイベントボランティア募集

毎年恒例のハロウィンイベントを今年も開催いたします。

子供はもちろん、大人にも楽しんでいただけるイベントを目指して、マンションコミュニティ委員一同、知恵を絞って企画検討中です。つきましては、下記の役割についてボランティアを募集します。お手伝いしてくださる方は、10 月 10 日までに、申込書に必要事項をご記入のうえ、フロントの応募箱に投函ください。たくさんのご応募を心よりお待ちしております。

ハロウィンイベント概要

10 月 23 日（日）13:00〜17:00 → 飾りつけ

10 月 30 日（日）10:00〜15:00 → ハロウィンイベント開催

ボランティア募集内容

飾りつけ係 → 5 名様（事前準備なし、10/23□13:00 ロビー集合）

仮装フェイスペイント係→5 名様（事前に練習会を予定）

仮装コンテスト係 → 2 名様（事前準備なし、10/30□9:00 ロビー集合）

ハロウィン菓子販売係 → 3 名様（事前準備なし、10/30□9:00 ロビー集合）

ご不明の点はフロントまでご連絡ください。

マンションコミュニティ委員会担当役員から追って回答いたします。

キリトリ線

ボランティア申込書

（□□□□□号室）□氏名（□□□□□□□□□□□□□□）

以下のボランティアに参加します。

（いずれでも構わない方は、複数に〇を付けていただけると助かります。）

お申し込み状況によって調整させていただきます。連絡事項があれば、余白に記入してください。）

飾りつけ係 → （□□□）

フェイスペイント係 → （□□□）

仮装コンテスト係 → （□□□）

ハロウィン菓子販売係 → （□□□）

文書を新規作成し、入力例を参考に文章を入力しましょう。

1. ページの余白を上10mm、下10mm、右20mm、左20mに設定しましょう。

2. すべての行を選択して、日本語用フォントをHG丸ゴシックM-PRO、英数字フォントをArialに設定しましょう。

3. 1行目と3行目の段落を右揃えにし、「ハロウィンイベントボランティア募集」、「キリトリ線」、「ボランティア申込書」の段落を中央揃えにしましょう。

4. 2行目を18ポイント、「ハロウィンイベントボランティア募集」の行を28ポイント、「ハロウィンイベント概要」の行と「ボランティア募集内容」の行を12ポイント、「ボランティア申込書」の行を16ポイントにしましょう。

5. 「ハロウィンイベント概要」の行と「ボランティア募集内容」の行を太字にしましょう。

6. 6行目の「10月10日までに」を太字にして、濃い赤の二重下線を設定しましょう。

7. 13〜14行目の10字と20字の位置に左揃えタブを設定しましょう。

8. 16〜19行目と31〜34行目の15字の位置に左揃えタブを設定しましょう。

9. 「キリトリ線」の行の下に点線の段落罫線を設定しましょう。

10. 4行目に画像ファイル「ハロウィンの旗」を挿入し、中央揃えにしましょう。

11. 11行目に画像ファイル「ハロウィンイラスト」を挿入し、文字列の折り返しを［前面］にして、11〜15行目の右のスペースに収まるよう大きさと位置を調整しましょう。

「問題46-2W」という名前で保存しましょう。

■完成例■

20xx年10月1日

居住者各位

マンションコミュニティ委員会

ハロウィンイベントボランティア募集

毎年恒例のハロウィンイベントを今年も開催いたします。
子供はもちろん、大人にも楽しんでいただけるイベントを目指して、マンションコミュニティ委員一同、知恵を絞って企画検討中です。つきましては、下記の役割についてボランティアを募集します。お手伝いしてくださる方は、<u>10月10日までに</u>、申込書に必要事項をご記入のうえ、フロントの応募箱に投函ください。たくさんのご応募を心よりお待ちしております。

ハロウィンイベント概要
10月23日（日）　→　13:00〜17:00　→　飾りつけ
10月30日（日）　→　10:00〜15:00　→　ハロウィンイベント開催
ボランティア募集内容
飾りつけ係　　　　　　　→　　　　5名様（事前準備なし、10/23□13:00 ロビー集合）
仮装フェイスペイント係　→　　　　5名様（事前に練習会を予定）
仮装コンテスト係　　　　→　　　　2名様（事前準備なし、10/30□9:00 ロビー集合）
ハロウィン菓子販売係　　→　　　　3名様（事前準備なし、10/30□9:00 ロビー集合）

ご不明の点はフロントまでご連絡ください。
マンションコミュニティ委員会担当役員から追って回答いたします。

- - - - - - - - - - - - - - - - - - キリトリ線 - - - - - - - - - - - - - - - - - -

ボランティア申込書

（□□□□□号室）□氏名（□□□□□□□□□□□□□□）
以下のボランティアに参加します。
（いずれでも構わない方は、複数に〇を付けていただけると助かります。
お申し込み状況によって調整させていただきます。連絡事項があれば、余白に記入してください。）

飾りつけ係　　　　　　　→　　　　（□□□）
フェイスペイント係　　　→　　　　（□□□）
仮装コンテスト係　　　　→　　　　（□□□）
ハロウィン菓子販売係　　→　　　　（□□□）

ポスター（イベント参加者募集）

地域イベントへの参加者を募集するポスターを作成しましょう。

■入力例■

> 海外の暮らしを知るセミナー↵
> 参加者募集↵
> ↵
> ご好評をいただいております、町内にお住いの外国人の方、海外在住歴のある方に、海外の
> 暮らしについてお話しただく海外交流イベントを今月も開催いたします。↵
> 今回は、ウィーン在住歴20年の大江さんをお招きして、ウィーンについてお話を伺います。↵
> 皆さまぜひご参加ください。↵
> ↵
> ↵
> ↵
> テーマ：□「ウィーンの魅力」―観る・体験する・暮らす―↵
> 日時：□20××年7月23日□14:00～15:30↵
> 場所：□町内会集会所□会議室↵
> 参加費：□300円（お茶とお菓子付き）□子供無料↵
> 申込方法：□お名前と人数を事務局までお知らせください↵
> 申込期限：□7月20日↵
> 事務局：□白鳥町三丁目□山本（03-0987-6543）↵

文書を新規作成し、入力例を参考に文章を入力しましょう。

1. ページの余白を［狭い］に設定しましょう。

2. 3行目以降の行に左右3文字の段落のインデントを設定しましょう。

3. すべての行を選択して、フォントをHG創英角ゴシックUBに設定しましょう。

4. すべての行を選択して、段落の［1ページの行数を指定時に文字を行グリッド線に合わせる］のチェックを外しましょう。

5. 1～2行目を72ポイント、「ご好評をいただいて～ぜひご参加ください。」の行を16ポイント、「テーマ」～「事務局」の行を16ポイントにしましょう。

6. 「テーマ」、「日時」、「場所」、「参加費」、「申込方法」、「申込期限」、「事務局」の文字に、4字分の均等割り付けを設定しましょう。

7. 1～3行目を中央揃えにし、［文字の効果と体裁］の［塗りつぶし：青、アクセントカラー5；輪郭：白、背景色1；影（ぼかしなし）：青、アクセントカラー5］（3列目の中央）を設定して、フォントの色を［オレンジ、アクセント2］、影の色を［オレンジ、アクセント2、白＋基本色40％］に変更しましょう。

8. PowerPointプレゼンテーションファイル「海外の暮らしを知る」のスライドの一部の写真と文字をコピーして、Wordの11行目（空行3行の中央）に図として貼り付けて、大きさを調整して中央揃えにしましょう。

9. ページ全体に色［オレンジ、アクセント2］、線の太さ6ポイントのページ罫線を設定しましょう。

「問題47-2W」という名前で保存しましょう。

海外の暮らしを知るセミナー

参加者募集

ご好評をいただいております、町内にお住いの外国人の方、海外在住歴のある方に、海外の暮らしについてお話しただく海外交流イベントを今月も開催いたします。

今回は、ウィーン在住歴 20 年の大江さんをお招きして、ウィーンについてお話を伺います。皆さまぜひご参加ください。

観る　　　　体験する　　　　暮らす

テ　ー　マ：□「ウィーンの魅力」－観る・体験する・暮らす－

日　　　時：□20××年 7 月 23 日□14：00〜15：30

場　　　所：□町内会集会所□会議室

参　加　費：□300 円（お茶とお菓子付き）□子供無料

申込方法：□お名前と人数を事務局までお知らせください

申込期限：□7 月 20 日

事　務　局：□白鳥町三丁目□山本（03-0987-6543）

ポスター（社内交流会のご案内）

応用問題 48

社内交流会の開催を社員に知らせるポスターを作成しましょう。

社内の連携強化策の一環として、営業職と技術開発職の交流会を開催することになりました。そこで、積極的な参加を促すために社内にポスターを掲示します。新規文書を作成し、次の条件を満たすようにポスターを作成しましょう。

■次の内容は必ず盛り込みましょう。

タイトル	異職種交流会
サブタイトル	お互いの現場を知ろう！
主な内容	営業職の仕事紹介
	技術職の仕事紹介
	チーム単位でQ&A
日時	11月10日（木）　15:00〜17:30
場所	本社大会議室
定員	営業職・技術職　各100名
申込方法	人事部HPから参加登録（先着制）
事務局	人事部　教育グループ　担当：石倉（内線244）

・A4用紙1枚に収めるようにしましょう。
・タイトル、サブタイトルは目立つように工夫しましょう。
・主な内容は、SmartArtグラフィックを使ってビジュアルなリストにしましょう。
・参加を促す文章表現を追加しましょう。
・見やすいように書式や配置を工夫しましょう。

「問題48-2W」という名前で保存しましょう。

応用問題 49 パンフレット（フェアのご案内）

お客様をフェアに勧誘するためのパンフレットを作成しましょう。

お客様向けに商品やサービスを紹介するフェアを開催することになりました。営業はフェア内容を紹介するパンフレットを持参して、お客様を勧誘します。会社所定のフェアパンフレットフォームがあるので、それをもとに作成します。ファイル「問題49」を使用して、次の条件を満たすようにパンフレットを作成しましょう。

■次の内容は必ず盛り込みましょう。

タイトル	Human Resource Development Fair
サブタイトル	企業価値向上を実現する人材を考える
日時	20××年12月2日　10:00 〜 17:00
申込方法	フェアwebサイトから参加登録（事前予約制）
	http://efgh-solutions××.co.jp/fair001/
問合せ先	EFGHソリューションズ株式会社　フェア事務局
	03-0987-6543　hrd_fair@sfgh-solutions××.co.jp
内容	完成例を参考に、ファイル「フェア内容情報」を入れる

・両面印刷してA4用紙1枚のパンフレットになるように、A4用紙2枚に収めるようにしましょう。
・ファイル「問題49」に、ファイル「フェア内容情報」にあるフェアの内容を盛り込んでパンフレットを完成させましょう。

「問題49-2W」という名前で保存しましょう。

企業が定期的に行うお客様向けフェアや展示会のパンフレットは、多くの場合、記述が必要な情報項目が毎回ほぼ一定なので、いったんフォームを作成しておくと使いまわしができて便利です。この例では、一般的なパターンとして、フェアのタイトル、サブタイトル、日時、会場、アクセス、申込方法、問合せ先といった基本情報に加えて、基調講演に関する情報、会場に併設されるセミナー会場の定員やタイムスケジュール、講演タイトル、講演者情報、講演内容、などを書き入れるフォームを用意しています。

ポスター（講習会参加者募集）

応用問題 50

地域イベントへの参加者を募集するポスターを作成しましょう。

地域コミュニティ活性化の一環として、ガーデニング講習会を開催することになりました。そこで、積極的な参加を促すために町内会の掲示板にポスターを掲示します。新規文書を作成し、次の条件を満たすようにポスターを作成しましょう。

■次の内容は必ず盛り込みましょう。

タイトル	ガーデニング講習会参加者募集
日時	4月10日　13:00 ～ 15:00
場所	町内会集会所　大会議室
定員	30名
申込方法	事務局まで電話申込
申込期限	4月1日
事務局	吉野町2丁目　酒井（03-0123-4567）
備考	申込が定員を超えた場合は抽選する
	参加可否は4月2日に事務局から電話連絡する
	汚れてもよい服装で来ること
	参加者全員に花の種プレゼントがある
協賛	いろは園芸

・A4用紙1枚に収めるようにしましょう。
・タイトルはファイル「講習会タイトル」にあるデザインをビットマップとして貼り付けて使用しましょう。
・画像ファイル「花-1」、「花-2」、「花-3」、「花-4」を使って、ビジュアルなポスターにしましょう。
・備考にある情報は、文章表現を工夫しましょう。
・見やすいように書式や配置を工夫しましょう。

「問題50-2W」という名前で保存しましょう。

図形などを駆使して凝ったデザインを作成するとき、Word では細かい操作がしづらい場合は、PowerPoint で作成して最後に Word に貼り付ける方法もあります。
この例では、タイトル部分を PowerPoint で作成して Word に貼り付けています。

解答集

問題に対する解答例を記載しています。

基礎問題の解答例は、この手順どおりに操作しなくても、
同等の操作を行って問題の要求を満たす結果が得られれば「正解」です。

応用問題の解答例は、「完成例」ファイルを作成するための手順です。
作成した解答ファイルが完成例ファイルと異なっていても、
問題の要求を満たしていれば「正解」となります。

解答集目次

第1章
【社外】社交儀礼

基礎問題 **1** 通知状（本社移転）

1.

①[デザイン]タブの[ドキュメントの書式設定]グループの☑[その他]ボタンをクリックし、[組み込み]の[白黒（クラシック）]をクリックします。

2.

①すべての行を選択し、[ホーム]タブの[段落]グループの右下の☑[段落の設定]ボタンをクリックします。

②[段落]ダイアログボックスの[インデントと行間隔]タブの[間隔]の[段落後]ボックスを[0]にし、[1ページの行数を指定時に文字を行グリッド線に合わせる]のチェックを外して[OK]をクリックします。

3.

①1、3、4行目を行単位で選択し、[ホーム]タブの☰[右揃え]ボタンをクリックします。

4.

①5行目を行単位で選択し、[ホーム]タブの[スタイル]グループの☑[その他]ボタンをクリックして[見出し1]をクリックします。

②[ホーム]タブの☰[中央揃え]ボタンをクリックします。

5.

①8～12行目を行単位で選択し、[ホーム]タブの[段落]グループの右下の☑[段落の設定]ボタンをクリックします。

②[段落]ダイアログボックスの[インデントと行間隔]タブの[最初の行]ボックスの☑をクリックし、[字下げ]をクリックします。

③[幅]ボックスに「1字」と表示されていることを確認し、[OK]をクリックします。

6.

①17～22行目を行単位で選択し、[ホーム]タブの☲[インデントを増やす]ボタンを2回クリックします。

②[ホーム]タブの☷▾[箇条書き]ボタンの▼をクリックし、[行頭文字ライブラリ]の[■]をクリックします。[■]がない場合は、[新しい行頭文字の定義]をクリックし、[新しい行頭文字の定義]ダイアログボックスの[記号]をクリックして[記号と特殊文字]ダイアログボックスで[■]を選択します。

7.

①「郵便番号」、「所在地」、「電話番号」、「FAX番号」、「移転日」、「営業時間」を文字単位で選択し、[ホーム]タブの☲[均等割り付け]ボタンをクリックします。

②[文字の均等割り付け]ダイアログボックスの[新しい文字列の幅]ボックスを[5字]に設定し、[OK]をクリックします。

基礎問題 **2** あいさつ状（転勤あいさつはがき）

1.

①[差し込み文書]タブの☷[はがき印刷]ボタンをクリックし、[宛名面の作成]をクリックします。

②はがき宛名面印刷ウィザードが起動したことを確認し、[次へ]をクリックします。

③[通常はがき]をクリックし、[次へ]をクリックします。

④[縦書き]をクリックし[次へ]をクリックします。

⑤[フォント]ボックスに「MS明朝」と表示されていることを確認し、[次へ]をクリックします。

⑥[差出人を印刷する]のチェックを外し、[次へ]をクリックします。

⑦[標準の住所録ファイル]が選択され、[宛先の敬称]ボックスに「様」と表示されていることを確認して、[次へ]をクリックします。

⑧[完了]をクリックします。

2.

①[差し込み文書]タブの☷[アドレス帳の編集]ボタンをクリックします。

②[差し込み印刷の宛先]ダイアログボックスの左下の[データソース]にある住所録ファイルのパス（既定ではC:¥Users¥ユーザー名¥Documents¥My Data sources¥Address20.docx）をクリックし、[編集]をクリックします。

③データフォームに次のデータを入力します。
氏名：大場　誠

会社：いろはにコンサルティング株式会社
部署：営業本部　第一営業部
郵便番号：1070052
住所1：東京都港区赤坂9-0-0

④[レコードの追加] をクリックし [閉じる] をクリックします。

⑤[差し込み印刷の宛先] ダイアログボックスの [OK] をクリックします。

3.

①[ファイル] タブをクリックし [名前を付けて保存] をクリックして、[参照] をクリックします。

②[名前を付けて保存] ダイアログボックスで任意の保存先を指定して、「問題02-2W（宛名）」という名前で保存します。

③[ファイル] タブをクリックし、[閉じる] をクリックします。

④差し込みに使用したデータファイル「Address20」を保存するかどうかのメッセージを確認し、[いいえ] をクリックします。

> 次回も同じデータを使用する場合は [はい] をクリックします。

4.

①[ファイル] タブをクリックし、[新規] をクリックします。

②[白紙の文書] をクリックします。

5.

①[レイアウト] タブの [ページ設定] グループの右下の 🔲 [ページ設定] ボタンをクリックします。

②[ページ設定] ダイアログボックスの [用紙] タブをクリックし、[用紙サイズ] のプルダウンメニュー [はがき（100×148mm）] を選択するか、[幅] ボックスを [100mm]、[高さ] ボックスを [148m] に設定します（はがきサイズ）。

③[文字数と行数] タブをクリックし、[文字方向] の [縦書き] をクリックします。

④[余白] タブをクリックし、[印刷の向き] の [縦] をクリックして [余白] の [上]、[下] のボックスを [15mm]、[左]、[右] のボックスを [10mm] に設定します。

⑤[文字数と行数] タブをクリックし、[行数] ボックスを [14] に設定して [OK] をクリックします。

6.

①[ホーム] タブの 游明朝 (本文)✓ [フォント] ボックスの▼をクリックし、[MS明朝] をクリックします。

②完成例を参考に文章を入力します。

③2行目の「さて、私こと」の上にカーソルを移動し、次の行に自動改行されない程度にスペースキーを複数回押します。

> ここでは行末の空きがあまりないのでスペースで調整していますが、かなり空きがある場合はタブを挿入して下揃えにしたほうが簡単です。

④6～8行目を行単位で選択し、[ホーム] タブの [段落] グループの右下の 🔲 [段落の設定] ボタンをクリックします。

⑤[段落] ダイアログボックスの [インデントと行間隔] タブの [最初の行] ボックスの✓をクリックし、[字下げ] をクリックします。

⑥[幅] ボックスに「1字」と表示されていることを確認し、[OK] をクリックします。

⑦11～14行目を行単位で選択し、[ホーム] タブの ▥▥ [下揃え] ボタンをクリックします。

基礎問題 3 招待状（ゴルフ大会の招待）

1.

①[デザイン] タブの [ドキュメントの書式設定] グループの ✓ [その他] ボタンをクリックし、[組み込み] の [基本（シンプル）] をクリックします。

2.

①すべての行を選択し、[ホーム] タブの [フォント] グループの右下の 🔲 [フォント] ボタンをクリックします。

②[フォント] ダイアログボックスの [フォント] タブの [日本語用のフォント] ボックスの✓をクリックして [MSPゴシック] を選択し、[英数字用のフォント] も同様に [MSPゴシック] を選択して [OK] をクリックします。

3.

①すべての行を選択し、[ホーム] タブの [段落] グループの右下の 🔲 [段落の設定] ボタンをクリックします。

②[段落] ダイアログボックスの [インデントと行間隔] タブの [間隔] の [段落後] ボックスを [0] にして [OK] をクリックします。

4.

①1、4、5行目を行単位で選択し、[ホーム] タブの ▤ [右揃え] ボタンをクリックします。

5.

①6行目を行単位で選択し、[ホーム] タブの [スタイル] グループの ▽ [その他] ボタンをクリックして [表題] をクリックします。

②[ホーム] タブの B [太字] ボタンをクリックします。

③[ホーム] タブの ▤ [中央揃え] ボタンをクリックします。

6.

①9 ～ 16行目を行単位で選択し、[ホーム] タブの [段落] グループの右下の ▧ [段落の設定] ボタンをクリックします。

②[段落] ダイアログボックスの [インデントと行間隔] タブの [最初の行] ボックスの ▽ をクリックし、[字下げ] をクリックします。

③[幅] ボックスに「1字」と表示されていることを確認し、[OK] をクリックします。

7.

①18行目を行単位で選択し、[ホーム] タブの [段落] グループの右下の ▧ [段落の設定] ボタンをクリックします。

②[段落] ダイアログボックスの [インデントと行間隔] タブの [間隔] の [段落前]、[段落後] のボックスを [0.5行] にして [OK] をクリックします。

8.

①19 ～ 26行目を行単位で選択し、[ホーム] タブの [段落] グループの右下の ▧ [段落の設定] ボタンをクリックします。

②[段落] ダイアログボックスの [インデントと行間隔] タブの [タブ設定] をクリックします。

③[タブとリーダー] ダイアログボックスの [タブ位置] ボックスに「8字」と入力します。

④[配置] の [左揃え] が選択されているのを確認し、[設定] をクリックして [OK] をクリックします。

9.

①[デザイン] タブの [配色] ボタンの▼をクリックして、テーマの色の [緑] をクリックします。

10.

①[デザイン] タブの [ページ罫線] ボタンをクリックします。

②[線種とページ罫線と網かけの設定] ダイアログボックスの [種類] の [囲む] を選択し、[種類] ボックスで [二重線] を選択します。

③[色] ボックスの ▽ をクリックして [緑、アクセント1] をクリックし、[設定対象] ボックスが [文書全体] になっているのを確認して、[OK] をクリックします。

基礎 問題 4 礼状（お歳暮）

1.

①[レイアウト] タブの [文字列の方向] ボタンの▼をクリックし、[縦書き] をクリックします。文字列がすべて縦書きになって、印刷の向きが [横] になったのを確認します。

2.

①[レイアウト] タブの [余白] ボタンの▼をクリックし、[ユーザー設定の余白] をクリックします。

②[ページ設定] ダイアログボックスの [余白] タブの [余白] の [上]、[下] のボックスを [30mm]、[右]、[左] のボックスを [40mm] に設定して [OK] をクリックします。

3.

①[レイアウト] タブの [サイズ] ボタンの▼をクリックし、[B5] をクリックします。

4.

①すべての行を選択し、[ホーム] タブの [フォント] グループの右下の ▧ [フォント] ボタンをクリックします。

②[フォント] ダイアログボックスの [フォント] タブの [日本語用のフォント] ボックスの ▽ をクリックして [HGS行書体] を選択します。

③[サイズ] ボックスを [14] に設定し、[OK] をクリックします。

5.

①すべての行を選択し、[ホーム] タブの [段落] グループの右下にある ▧ [段落の設定] ボタンをクリックします。

②[段落] ダイアログボックスの [インデントと行間

隔] タブの [1ページの行数を指定時に文字を行グリッド線に合わせる] のチェックを外して [OK] をクリックします。

6.
①16、17行目を行単位で選択し、[ホーム] タブの ▥ [下揃え] ボタンをクリックします。

7.
①5 ～ 10行目を行単位で選択し、[ホーム] タブの [段落] グループの右下の 🖼 [段落の設定] ボタンをクリックします。
②[段落] ダイアログボックスの [インデントと行間隔] タブの [最初の行] ボックスの ▽ をクリックし、[字下げ] をクリックします。
③[幅] ボックスに 「1字」 と表示されていることを確認し、[OK] をクリックします。

応用 問題 5 案内状（新製品発表会）

1. 文章を入力します。
①発信日、宛先、発信者を入力します。
②文書のタイトルを入力します。
③前文を入力します。「拝啓」と入力してスペースを入力すると、自動的に「敬具」が右揃えで入力されるので、「拝啓」の後に続けて入力します。
④主文を入力します（「さて、～ご案内申し上げます。」）。
⑤結び言葉を入力します（「まずは略儀ながら、～ご案内申し上げます。」）。
⑥別記として会場、開催日時を入力します。

2. 書式を設定します。
①[デザイン] タブの [ドキュメントの書式設定] グループの ▽ [その他] ボタンをクリックし、[組み込み] の [基本（シンプル）] をクリックします。
②すべての行を選択し、[ホーム] タブの [フォント] グループの右下の 🖼 [フォント] ボタンをクリックします。
③[フォント] ダイアログボックスの [フォント] タブの [日本語用のフォント] ボックスの ▽ をクリックして [HG丸ゴシックM-PRO] を選択し、[英数字用のフォント] ボックスの ▽ をクリックして [Arial] を選択して、[OK] をクリックします。
④すべての行を選択し、[ホーム] タブの [段落] グループの右下の 🖼 [段落の設定] ボタンをクリッ

クします。
⑤[段落] ダイアログボックスの [インデントと行間隔] タブの [間隔] の [段落後] を [0] にして、[OK] をクリックします。
⑥1行目と3 ～ 6行目を行単位で選択し、[ホーム] タブの ▤ [右揃え] ボタンをクリックします。
⑦7行目を行単位で選択し、[ホーム] タブの [スタイル] グループの ▽ [その他] ボタンをクリックして、[表題] をクリックします。
⑧[ホーム] タブの ▤ [中央揃え] ボタンをクリックし、 B [太字] ボタンをクリックします。
⑨10 ～ 19行目を行単位で選択し、[ホーム] タブの [段落] グループの右下の 🖼 [段落の設定] ボタンをクリックします。
⑩[段落] ダイアログボックスの [インデントと行間隔] タブの [最初の行] ボックスの ▽ をクリックし、[字下げ] をクリックします。
⑪[幅] ボックスに 「1字」 と表示されていることを確認し、[OK] をクリックします。
⑫23 ～ 28行目を行単位で選択し、[ホーム] タブの [段落] グループの右下の 🖼 [段落の設定] ボタンをクリックします。
⑬[段落] ダイアログボックスの [インデントと行間隔] タブの [タブ設定] をクリックします。
⑭[タブとリーダー] ダイアログボックスの [タブ位置] ボックスに 「6字」 と入力します。
⑮[配置] の [左揃え] が選択されているのを確認し、[設定] をクリックして [OK] をクリックします。

応用 問題 6 案内状（株主総会）

1. 文章を入力します。
①発信日、宛先、発信者を入力します。
②文書のタイトルを入力します。
③前文を入力します。「拝啓」と入力してスペースを入力すると、自動的に「敬具」が右揃えで入力されるので、「拝啓」の後に続けて入力します。
④主文を入力します（「さて、～お願い申し上げます。」）。
⑤別記として日時、場所、報告事項、決議事項を入力します。

2. 書式を設定します。
①[デザイン] タブの [ドキュメントの書式設定] グループの ▽ [その他] ボタンをクリックし、[組み込み] の [白黒（Word）] をクリックします。

②すべての行を選択し、[ホーム] タブの [フォント] グループの右下の 🔽 [フォント] ボタンをクリックします。

③[フォント] ダイアログボックスの [フォント] タブの [日本語用のフォント] ボックスの 🔽 をクリックして [MS 明朝] を選択し、[英数字用のフォント] ボックスの 🔽 をクリックして [MS 明朝] を選択します。

④[サイズ] ボックスを [12] に設定し、[OK] をクリックします。

⑤すべての行を選択し、[ホーム] タブの [段落] グループの右下の 🔽 [段落の設定] ボタンをクリックします。

⑥[段落] ダイアログボックスの [インデントと行間隔] タブの [間隔] の [段落後] ボックスを [0] にして、[OK] をクリックします。

⑦1行目と3 〜 5行目を行単位で選択し、[ホーム] タブの ▤ [右揃え] ボタンをクリックします。

⑧6行目を行単位で選択し、[ホーム] タブの [スタイル] グループの 🔽 [その他] ボタンをクリックして、[表題] をクリックします。

⑨[ホーム] タブの ▤ [中央揃え] ボタンをクリックします。

⑩[ホーム] タブの 10.5 🔽 [フォントサイズ] ボックスの▼をクリックして [24] をクリックします。

⑪10 〜 15行目を行単位で選択し、[ホーム] タブの [段落] グループの右下の 🔽 [段落の設定] ボタンをクリックします。

⑫[段落] ダイアログボックスの [インデントと行間隔] タブの [最初の行] ボックスの 🔽 をクリックし、[字下げ] をクリックします。

⑬[幅] ボックスに「1字」と表示されていることを確認し、[OK] をクリックします。

⑭18 〜 24行目を行単位で選択し、[ホーム] タブの [段落] グループの右下の 🔽 [段落の設定] ボタンをクリックします。

⑮[段落] ダイアログボックスの [インデントと行間隔] タブの [タブ設定] をクリックします。

⑯[タブとリーダー] ダイアログボックスの [タブ位置] ボックスに「8字」と入力します。

⑰[配置] の [左揃え] が選択されているのを確認し、[設定] をクリックして [OK] をクリックします。

⑱「日時」、「場所」、「報告事項」、「決議事項」を文字単位で選択し、[ホーム] タブの ▤ [均等割り付け] ボタンをクリックします。

⑲[文字の均等割り付け] ダイアログボックスの [新

しい文字列の幅] ボックスを [5字] に設定し、[OK] をクリックします。

応用問題 7　通知状（営業所統合）

1. 文章を入力します。

①文書のタイトルを入力します。

②前文を入力します（「拝啓〜厚く御礼申し上げます。」）。

③主文を入力します（「さて、〜お願い申し上げます。」）。

④末文を入力します（「これまでの〜ご挨拶申し上げます。」）。

⑤発信日を入力します。

⑥発信者の会社名、氏名を入力します。

⑦宛先は後で差し込み印刷をするため、空白行を入力しておき、敬称の「　御中」のみを入力します。

> 縦書きの文章の日付は漢数字で入力し、宛先が後に入るのが一般的です。

2. 書式を設定します。

①[ホーム] タブの 🔽 選択▾ [選択] ボタンをクリックし、[すべて選択] をクリックします。

②[ホーム] タブの 游明朝 (本文() 🔽 [フォント] ボックスの▼をクリックし、[HGP教科書体] をクリックします。

③[ホーム] タブの 10.5 🔽 [フォントサイズ] ボックスの▼をクリックし、[11] をクリックします。

④タイトルを選択し、[ホーム] タブの 10.5 🔽 [フォントサイズ] ボックスの▼をクリックして [12] をクリックし、▤ [中央揃え] ボタンをクリックします。

⑤主文から末文までを行単位で選択し、[ホーム] タブの [段落] グループの 🔽 ダイアログボックス起動ツールをクリックします。

⑥[段落] ダイアログボックスの [インデントと行間隔] タブの [最初の行] ボックスの 🔽 をクリックし、[字下げ] をクリックします。

⑦[幅] ボックスに「1字」と表示されていることを確認し、[OK] をクリックします。

⑧発信者の会社名と氏名を選択し、[ホーム] タブの ▤ [右揃え] ボタンをクリックします。

⑨会社名を選択し、[レイアウト] タブの ≡右: 0字 🔽 [右インデント] ボックスを [5字] に設定します。

3. ページ設定をします。

①[レイアウト] タブの [ページ設定] グループの右下の 🔲 [ページ設定] ボタンをクリックします。

②[ページ設定] ダイアログボックスの [用紙] タブの [用紙サイズ] ボックスの ⌄ をクリックして、[B5] をクリックします。

③[余白] タブをクリックし、[上]、[下]、[左]、[右] のボックスを [20mm] に設定します。

④[文字数と行数] タブをクリックして [方向] の [縦書き] をクリックし、[行数] ボックスを [20] に設定して [OK] をクリックします。

4. 差し込み印刷の設定を行います。

①文末の「　御中」の行頭にカーソルを移動し、[差し込み文書] タブの 📄 [差し込み印刷の開始] ボタンをクリックして [差し込み印刷ウィザード] をクリックします。

②[差し込み印刷] 作業ウィンドウの [レター] が選択されていることを確認し、[次へ：ひな形の選択] をクリックします。

③[現在の文書を使用] が選択されていることを確認し、[次へ：宛先の選択] をクリックします。

④[既存のリストを使用] が選択されていることを確認し、[参照] をクリックします。

⑤[データファイルの選択] ダイアログボックスでファイル「得意先データ」をクリックし、[開く] をクリックします。

⑥[テーブルの選択] ダイアログボックスの [得意先$] が選択されていることを確認し、[OK]をクリックします。

⑦[差し込み印刷の宛先] ダイアログボックスのすべての行のチェックボックスがオンになっていることを確認し、[OK] をクリックします。

⑧[次へ：レターの作成] をクリックします。

⑨「御中」の行頭にカーソルが表示されていることを確認し、[差し込みフィールドの挿入] をクリックします。

⑩[差し込みフィールドの挿入] ダイアログボックスの [会社名] をクリックし、[挿入] をクリックして [閉じる] をクリックします。

⑪[次へ：レターのプレビュー表示] をクリックします。

⑫[次へ：差し込み印刷の完了] をクリックします。

応用問題 8 あいさつ状（転職）

1. 文章を入力します。

①宛先は後で差し込み印刷をするため、空白行を3行分（1行目は会社名、2行目は部署名、3行目は顧客名）入力し、3行目に敬称の「様」のみを入力します。

②前文を入力します（「拝啓～申し上げます。」）。

③主文を入力します（「さて～よろしくお願い申し上げます。」）。

> あいさつ状では、「さて、私」の部分は謙虚さを表すため、行下に記します。

④末文を入力します（「まずは～申し上げます。」）。

> 入力後、文字方向を縦書きに設定するため、数字は漢数字で入力します。また、ハイフン (-) は半角で入力します。

⑤発信者を入力します。

2. ページ設定をします。

①[レイアウト] タブの [ページ設定] グループの右下の 🔲 [ページ設定] ボタンをクリックします。

②[ページ設定] ダイアログボックスの [用紙] タブの [用紙サイズ] ボックスの ⌄ をクリックし、[B5] をクリックします。

③[余白] タブをクリックして [印刷の向き] の [横] をクリックし、[上]、[下]、[左]、[右] のボックスを [25mm] に設定します。

④[文字数と行数] タブをクリックして [文字方向] の [縦書き] をクリックし、[行数] ボックスを [30] に設定して [OK] をクリックします。

3. 書式を設定します。

①[ホーム] タブの ▷ 選択 ▾ [選択] ボタンをクリックし、[すべて選択] をクリックします。

②[ホーム] タブの 游明朝 (本文([フォント] ボックスの▼をクリックし、[HG正楷書体-PRO] をクリックします。

③[ホーム] タブの 10.5 ⌄ [フォントサイズ] ボックスの▼をクリックし、[12] をクリックします。

④「新天地においても」～「ご挨拶申し上げます。」までを行単位で選択し、[ホーム] タブの [段落] グループの右下の 🔲 [段落の設定] ボタンをクリックします。

⑤[段落] ダイアログボックスの [インデントと行間

隔]タブの[**最初の行**]ボックスの▽をクリックし、[**字下げ**]をクリックします。

⑥[**幅**]ボックスに「1字」と表示されていることを確認し、[**OK**]をクリックします。

⑦「さて、私こと」の行を選択し、[**ホーム**]タブの[Ⅲ][**下揃え**]ボタンをクリックします。

⑧1～3行目を行単位で選択し、[**ホーム**]タブの[**段落**]グループの右下の◪[**段落の設定**]ボタンをクリックします。

⑨[**段落**]ダイアログボックスの[**インデントと行間隔**]タブの[**1ページの行数を指定時に文字を行グリッド線に合わせる**]のチェックを外して[**OK**]をクリックします。

4. 宛先に得意先のデータを差し込みます。

①1行目にカーソルを移動し、[**差し込み文書**]タブの[差し込み印刷の開始][**差し込み印刷の開始**]ボタンをクリックして[**レター**]をクリックします。

②[**差し込み文書**]タブの[宛先の選択][**宛先の選択**]ボタンをクリックし、[**既存のリストを使用**]をクリックします。

③[**データファイルの選択**]ダイアログボックスでファイル「得意先一覧」をクリックし、[**開く**]をクリックします。

④[**テーブルの選択**]ダイアログボックスの[**OK**]をクリックします。

⑤[**差し込み文書**]タブの[差し込みフィールドの挿入][**差し込みフィールドの挿入**]ボタンの▼をクリックし、1行目に[**会社名**]、2行目に[**部署名**]、3行目の「様」の前に[**顧客名**]の各フィールドを挿入します。

⑥[**差し込み文書**]タブの[結果のプレビュー][**結果のプレビュー**]ボタンをクリックし、▶[**次のレコード**]ボタンをクリックして、差し込まれたデータを確認します。

⑦1～3行目を行単位で選択し、[**ホーム**]タブの[10.5▽][**フォントサイズ**]ボックスの▼をクリックして[**14**]をクリックします。

⑧発信者の情報を行単位で選択し、[**ホーム**]タブの[Ⅲ][**下揃え**]ボタンをクリックします。

⑨会社名を行単位で選択し、[**ホーム**]タブの[**段落**]グループの右下の◪[**段落の設定**]ボタンをクリックします。

⑩[**段落**]ダイアログボックスの[**インデントと行間隔**]タブの[**右**]ボックスを[**5字**]に設定し、[**OK**]をクリックします。

5. 文末に転職先の情報を入力する縦書きテキストボックスを作成します。

①[**挿入**]タブの[テキストボックス][**テキストボックス**]ボタンをクリックし、[**縦書きテキストボックスの描画**]をクリックします。

②マウスポインターの形が+になっていることを確認し、ドラッグして縦書きテキストボックスを作成して、転職先の情報を入力します。

③テキストボックスの文字を選択し、[**ホーム**]タブの[游明朝 (本文(▽][**フォント**]ボックスの▼をクリックして[**HG正楷書体-PRO**]をクリックします。

④[**ホーム**]タブの[10.5▽][**フォントサイズ**]ボックスの▼をクリックし、[**12**]をクリックします。

⑤[**ホーム**]タブの[≣][**インデントを増やす**]ボタンを1回クリックします。

⑥テキストボックスのサイズと位置を調整します。

応用問題 9 礼状（新商品発表会来場）

1. 文章を入力します。

①発信日を入力します。

②宛先は、後で差し込み印刷設定を行うので、3行空行を入れて3行目に「様」と入力します。

③発信者を入力します。

④文書のタイトルを入力します。

⑤前文を入力します。「拝啓」と入力してスペースを入力すると、自動的に「敬具」が右揃えで入力されるので、「拝啓」の後に続けて入力します。

⑥主文を入力します（「さて、～ご説明に上がりたいと存じますので、よろしくお願い申し上げます。」）。

⑦末文を入力します。

⑧同封として、資料名と部数を入力します。

2. 書式を設定します。

①[**デザイン**]タブの[**ドキュメントの書式設定**]グループの▽[**その他**]ボタンをクリックし、[**組み込み**]の[**基本（シンプル）**]をクリックします。

②すべての行を選択し、[**ホーム**]タブの[**フォント**]グループの右下の◪[**フォント**]ボタンをクリックします。

③[**フォント**]ダイアログボックスの[**フォント**]タブの[**日本語用のフォント**]ボックスの▽をクリックして[**メイリオ**]を選択し、[**英数字用のフォント**]ボックスの▽をクリックして[**Arial**]を選択します。

④[**サイズ**]ボックスを[**11**]に設定し、[**OK**]を

クリックします。

⑤すべての行を選択し、[ホーム] タブの [段落] グループの右下の ⌐ [段落の設定] ボタンをクリックします。

⑥[段落] ダイアログボックスの [インデントと行間隔] タブの [間隔] の [段落後] ボックスを [0] にし、[1ページの行数を指定時に文字を行グリッド線に合わせる] のチェックを外して [OK] をクリックします。

⑦1行目と5 ～ 7行目を行単位で選択し、[ホーム] タブの ≡ [右揃え] ボタンをクリックします。

⑧9行目を行単位で選択し、[ホーム] タブの [スタイル] グループの ⌄ [その他] ボタンをクリックして、[表題] をクリックします。

⑨[ホーム] タブの 游明朝 (本文c⌄ [フォント] ボックスの▼をクリックして [メイリオ] をクリックし、10.5 ⌄ [フォントサイズ] ボックスの▼をクリックして [16] をクリックします。

⑩[ホーム] タブの ≡ [中央揃え] ボタンをクリックします。

⑪13 ～ 21行目を行単位で選択し、[ホーム] タブの [段落] グループの右下の ⌐ [段落の設定] ボタンをクリックします。

⑫[段落] ダイアログボックスの [インデントと行間隔] タブの [最初の行] ボックスの ⌄ をクリックし、[字下げ] をクリックします。

⑬[幅] ボックスに「1字」と表示されていることを確認し、[OK] をクリックします。

⑭26 ～ 28行目を行単位で選択し、[ホーム] タブの [段落] グループの右下の ⌐ [段落の設定] ボタンをクリックします。

⑮[段落] ダイアログボックスの [インデントと行間隔] タブの [タブ設定] をクリックします。

⑯[タブとリーダー] ダイアログボックスの [タブ位置] ボックスに「30字」と入力します。

⑰[配置] の [左揃え] が選択されているのを確認し、[設定] をクリックして [OK] をクリックします。

5. 差し込み印刷の設定を行います。

①2行目をクリックして、[差し込み文書] タブの 🖺 [差し込み印刷の開始] ボタンをクリックして、[差し込み印刷ウィザード] をクリックします。

②[差し込み印刷] 作業ウィンドウの [レター] が選択されていることを確認し、[次へ：ひな形の選択] をクリックします。

③[現在の文書を使用] が選択されていることを確認

し、[次へ：宛先の選択] をクリックします。

④[既存のリストを使用] が選択されていることを確認し、[参照] をクリックします。

⑤[データファイルの選択] ダイアログボックスでファイル「資料請求顧客一覧」をクリックし、[開く] をクリックします。

⑥[テーブルの選択] ダイアログボックスの [資料請求顧客一覧$] が選択されていることを確認し、[OK] をクリックします。

⑦[差し込み印刷の宛先] ダイアログボックスのすべての行のチェックボックスがオンになっていることを確認し、[OK] をクリックします。

⑧[次へ：レターの作成] をクリックします。

⑨ 2行目の行頭にカーソルが表示されていることを確認し、[差し込みフィールドの挿入] ボタンの▼をクリックし、[会社名] フィールドをクリックして挿入します。

⑩同様に3行目に [部署名]、4行目の「様」の行頭に [顧客名] フィールドを挿入します。

⑪[次へ：レターのプレビュー表示] をクリックします。

⑫[次へ：差し込み印刷の完了] をクリックします。

第2章
【社外】業務・取引

基礎問題 10 通知状（サービス内容変更）

1.

①テンプレート［問題10］をダブルクリックして開きます。

2.

①［クリックまたはタップして日付を入力してください。］の▼をクリックし、「6月1日」をクリックします。

3.

①入力例を参考に1ページ目の文章を入力します。

4.

①6～9行目を行単位で選択し、［ホーム］タブの ≣ ［右揃え］ボタンをクリックします。

②11行目を行単位で選択し、［ホーム］タブの 10.5 ∨ ［フォントサイズ］ボックスの▼をクリックして［20］をクリックします。

③［ホーム］タブの B ［太字］ボタンをクリックします。

④［ホーム］タブの ≣ ［中央揃え］ボタンをクリックします。

⑤［ホーム］タブの ⊞▾ ［罫線］ボタンの▼をクリックし、［線種とページ罫線と網かけの設定］をクリックします。

⑥［線種とページ罫線と網かけの設定］ダイアログボックスの［罫線］タブの［設定対象］ボックスに「段落」と表示されていることを確認します。

⑦［種類］の［指定］をクリックし、［色］ボックスの ∨ をクリックして［オレンジ、アクセント2］をクリックします。

⑧［種類］ボックスで［二重線］を選択し、［線の太さ］ボックスの ∨ をクリックして［3pt］をクリックします。

⑨［プレビュー］の上罫線と下罫線のボタンをクリックして［OK］をクリックします。

⑩15～24行目を行単位で選択し、［ホーム］タブの［段落］グループの右下の ⌐ ［段落の設定］ボタンをクリックします。

⑪［段落］ダイアログボックスの［インデントと行間

隔］タブの［最初の行］ボックスの ∨ をクリックし、［字下げ］をクリックします。

⑫［幅］ボックスに「1字」と表示されていることを確認し、［OK］をクリックします。

5.

①26行目の末尾にカーソルを移動し、［挿入］タブの ⊢ページ区切り ［ページ区切り］ボタンをクリックします。

6.

①2ページ目の1行目にカーソルを移動し、［挿入］タブの □▾ ［オブジェクト］ボタンの▼をクリックして、［テキストをファイルから挿入］をクリックします。

②［ファイルの挿入］ダイアログボックスでファイル「お客様ID通知書」をクリックし、［挿入］をクリックします。

7.

①1ページ目の11行目のタイトルを行単位で選択して、［ホーム］タブの ❤書式のコピー/貼り付け ［書式のコピー/貼り付け］ボタンをクリックします。

②2ページ目の1行目をクリックします。

③6行目の表を選択し、［表ツール］の［デザイン］タブの［表のスタイル］グループの ∨ ［その他］ボタンをクリックして、［グリッドテーブル］の［グリッド（表）6カラフル-アクセント2］（上から6行目の左から3列目）をクリックします。

④［ホーム］タブの ≣ ［中央揃え］ボタンをクリックます。

⑤同様に、13行目、21～23行目の表も［グリッド（表）6カラフル-アクセント2］（上から6行目の左から3列目）に設定して、中央揃えにします。

⑥21～23行目の表を選択し、［デザイン］タブの 塗りつぶし ［塗りつぶし］ボタンの▼をクリックして［オレンジ、アクセント2、白＋基本色80％］をクリックします。

⑦5行目の「新発行ID」を選択して、［ホーム］タブの B ［太字］ボタンをクリックします。

⑧12、15、20行目を行単位で選択して、［ホーム］タブの B ［太字］ボタンをクリックします。

8.

①1ページ目の5行目の「　様」の行頭にカーソルを移動し、［差し込み文書］タブの 差し込み文書の開始 ［差し込み

印刷の開始] ボタンをクリックし、[レター] をクリックします。

②[差し込み文書] タブの [宛先の選択] ボタンをクリックし、[既存のリストを使用] をクリックします。

③[データファイルの選択] ダイアログボックスでファイル「顧客データ」をクリックし、[開く] をクリックします。

④[テーブルの選択] ダイアログボックスの [顧客データ$] が選択されていることを確認し、[OK] をクリックします。

⑤1ページ目の5行目の行頭にカーソルが表示されていることを確認し、[差し込み文書] タブの [差し込みフィールドの挿入] ボタンの▼をクリックし、[顧客名] をクリックします。

⑥同様に2ページ目の3行目の行頭に [顧客名] フィールド、2ページ目の6行目の表の2列目に [ログインID] フィールド、4列目に [パスワード] フィールド、13行目の表に [メールアドレス] フィールドを挿入します。

⑦[差し込み文書] タブの [結果のプレビュー] ボタンをクリックします。

基礎問題 11 通知状（商品価格改定）

1.

①[レイアウト] タブの [ページ設定] グループの右下の [ページ設定] ボタンをクリックします。

②[ページ設定] ダイアログボックスの [文字数と行数] タブの [行数] ボックスを [22] に設定し、[OK] をクリックします。

2.

①入力例を参考に文章を入力します。

3.

①すべての行を選択し、[ホーム] タブの 游明朝 (本文(☑ [フォント] ボックスの▼をクリックして [MSP明朝] をクリックします。

②[ホーム] タブの 10.5 ☑ [フォントサイズ] ボックスの▼をクリックして [12] をクリックします。

4.

①1、3行目を行単位で選択し、[ホーム] タブの [右揃え] ボタンをクリックします。

5.

①5行目を行単位で選択し、[ホーム] タブの 游明朝 (本文(☑ [フォント] ボックスの▼をクリックして [MSPゴシック] をクリックします。

②[ホーム] タブの 10.5 ☑ [フォントサイズ] ボックスの▼をクリックして [14] をクリックします。

③[ホーム] タブの B [太字] ボタンをクリックします。

④[ホーム] タブの [中央揃え] ボタンをクリックします。

⑤[ホーム] タブの [罫線] ボタンの▼をクリックし、[線種とページ罫線と網かけの設定] をクリックします。

⑥[線種とページ罫線と網かけの設定] ダイアログボックスの [罫線] タブの [設定対象] ボックスに「段落」と表示されていることを確認します。

⑦[種類] の [指定] をクリックし、[線の太さ] ボックスをクリックして [1.5pt] をクリックします。

⑧[プレビュー] の上罫線と下罫線のボタンをクリックして [OK] をクリックします。

6.

①9～12行目を行単位で選択し、[ホーム] タブの [段落] グループの右下の [段落の設定] ボタンをクリックします。

②[段落] ダイアログボックスの [インデントと行間隔] タブの [最初の行] ボックスの ☑ をクリックし、[字下げ] をクリックします。

③[幅] ボックスに「1字」と表示されていることを確認し、[OK] をクリックします。

7.

①15行目と17行目を行単位で選択します。

②[ホーム] タブの B [太字] ボタンをクリックします。

8.

①16行目にカーソルを移動し、[挿入] タブの [表] ボタンをクリックして「表（2行×4列）」と表示されるまでマス目上をドラッグします。

②完成例を参考に表内に文字を入力します。

9.

①表全体を選択して、[表ツール] の [デザイン] タブの [表のスタイル] グループの [その他] ボタンをクリックし、[グリッドテーブル] の [グリッ

ド（表）4-アクセント1]（上から4行目の左から2列目）をクリックします。

10.

①表全体を選択し、**[表ツール]** の **[レイアウト]** タブの ▤ **[中央揃え]** ボタンをクリックします。

基礎問題 12 FAX 送付状

1.

①**[ファイル]** タブをクリックし、**[新規]** をクリックします。

②**[オンラインテンプレートの検索]** ボックスに「FAX」と入力して、**[検索の開始]** をクリックします。

③**[Faxイラスト1]** をクリックして **[作成]** をクリックします。

2.

①2行目をクリックし、**[ホーム]** タブの ≡ **[右揃え]** ボタンをクリックします。

②Enterキーを5回押して段落記号を挿入します。

3.

①右上に挿入されているクリップアートをクリックし、**[図ツール]** の **[書式]** タブの 🖼図の変更 **[図の変更]** ボタンをクリックします。

②**[ファイルから]** をクリックします。

③**[図の挿入]** ダイアログボックスで画像ファイル「ロゴ」をクリックし、**[挿入]** をクリックします。

④**[書式]** タブの **[図形の高さ]** ボックスを **[13mm]** に設定します。

⑤**[書式]** タブの **[オブジェクトの配置]** ボタンをクリックし、**[右揃え]** をクリックします。

4.

①設問**2.**で挿入した段落記号の2 ～ 6行目に、完成例を参考に「郵便番号」～「FAX番号」までを入力します。

②2 ～ 6行目を行単位で選択し、**[ホーム]** タブの **[段落]** グループの右下の ▫ **[段落の設定]** ボタンをクリックします。

③**[段落]** ダイアログボックスの **[インデントと行間隔]** タブの **[右]** ボックスを **[1字]** に設定し、**[OK]** をクリックします。

5.

①完成例を参考に「送付先」から「送付枚数」まで文字を入力します。

②要件を文字単位で選択し、**[ホーム]** タブの 10.5 ⌄ **[フォントサイズ]** ボックスの▼をクリックして **[14]** をクリックします。

6.

①完成例を参考に「いつもお世話に～お願い申し上げます。」まで文字を入力します。

基礎問題 13 見積書

1.

①**[レイアウト]** タブの **[ページ設定]** グループの右下の ▫ **[ページ設定]** ボタンをクリックします。

②**[ページ設定]** ダイアログボックスの **[文字数と行数]** タブの **[行数]** ボックスを **[38]** に設定し、**[OK]** をクリックします。

2.

①入力例を参考に文章を入力します。

3.

①すべての行を選択し、**[ホーム]** タブの 游明朝 (本文(⌄ **[フォント]** ボックスの▼をクリックして **[MSゴシック]** をクリックします。

4.

①1 ～ 2行目と7 ～ 12行目を行単位で選択します。

②**[ホーム]** タブの ≡ **[右揃え]** ボタンをクリックします。

5.

①13行目にカーソルを移動し、**[挿入]** タブの **[表]** ボタンをクリックして、「表（2行×4列）」と表示されるまでマス目上をドラッグします。

②表の2行目を選択し、**[表ツール]** の **[レイアウト]** タブの **[行の高さの設定]** ボックスを **[12mm]** に設定します。

③完成例を参考に表の1行目に役職名を入力します。

④表の1行目を選択し、**[表ツール]** の **[レイアウト]** タブの ▤ **[中央揃え]** ボタンをクリックします。

⑤表全体を選択して1列目の右側の境界線をポイントし、マウスポインターの形が両矢印になっていることを確認してダブルクリックします。

⑥[ホーム] タブの [右揃え] ボタンをクリックします。

6.

①表全体を選択し、[挿入] タブの [クイックパーツの表示] ボタンをクリックして [選択範囲をクイックパーツギャラリーに保存] をクリックします。

②[新しい文書パーツの作成] ダイアログボックスの [名前] ボックスに「押印欄」と入力します。

③[保存先] ボックスの をクリックして [Normal] をクリックし、[OK] をクリックします。

> 文書内で頻繁に使用する文字や表などは「クイックパーツ」に保存しておくと使い回しができます。保存先を [Normal] にすると、すべての文書で利用できます。文字や表を範囲選択し、Alt＋F3キーを押しても同じ操作ができます。

7.

①4行目を行単位で選択し、[ホーム] タブの 10.5 [フォントサイズ] ボックスの▼をクリックして [20] をクリックします。

②[ホーム] タブの [中央揃え] ボタンをクリックします。

③[ホーム] タブの [罫線] ボタンの▼をクリックし、[下罫線] をクリックします。

8.

①6行目を行単位で選択し、[ホーム] タブの 10.5 [フォントサイズ] ボックスの▼をクリックし、[14] をクリックします。

②[ホーム] タブの [太字] ボタンをクリックします。

9.

①「件名」、「期間」、「受渡場所」、「有効期間」、「御支払条件」を文字単位で選択し、[ホーム] タブの [均等割り付け] ボタンをクリックします。

②[文字の均等割り付け] ダイアログボックスの [新しい文字列の幅] ボックスを [5字] に設定し、[OK] をクリックします。

10.

①「御見積金額合計」の行を選択し、[ホーム] タブの 10.5 [フォントサイズ]ボックスの▼をクリックして [14] をクリックします。

②[ホーム] タブの [太字] ボタンをクリックします。

③[ホーム] タブの [中央揃え] ボタンをクリックします。

11.

①「【御見積内訳】」の次の行にカーソルを移動し、[挿入] タブの [表] ボタンをクリックして、「表（4行×2列）」と表示されるまでマス目上をドラッグします。

②完成例を参考に文字を入力します。

12.

①表の1行目を選択し、[表ツール] の [レイアウト] タブの [中央揃え] ボタンをクリックします。

②表の1列目の4行目のセルを選択し、[表ツール] の [レイアウト] タブの [上揃え（右）] ボタンをクリックします。

③2列目の2〜4行目を選択し、F4キーを押します。

④表内をクリックし、[表ツール] の [デザイン] タブの [表のスタイル] グループの [その他] ボタンをクリックして、[表（一覧）] の [一覧（表）3-アクセント3]（上から3行目の左から4列目）をクリックします。

⑤[表ツール] の [デザイン] タブの [表スタイルオプション] グループの [最初の列] のチェックを外します。

基礎問題 **14** 納品書

1.

①1、3〜6行目を行単位で選択し、[ホーム] タブの [右揃え] ボタンをクリックします。

2.

①7行目を行単位で選択し、[ホーム] タブの [スタイル] グループの [その他] ボタンをクリックして、[表題] をクリックします。

②[ホーム] タブの [太字] ボタンをクリックします。

3.

①Excelを起動し、[開く] をクリックします。

②[参照] をクリックします。

③[ファイルを開く] ダイアログボックスでファイル「納品明細書」をクリックし、[開く] をクリックします。

④[表示] タブの [表示] グループの [目盛線] のチェックを外します。

4.

①[納品明細書] シートのセルB4 〜 F17をドラッグします。

②[ホーム] タブの [コピー] ボタンをクリックします。

③タスクバーの [文書1-Word] をクリックします。

④11行目にカーソルを移動し、[ホーム] タブの [貼り付け] ボタンの▼をクリックして、[形式を選択して貼り付け] をクリックします。

⑤[形式を選択して貼り付け] ダイアログボックスの [貼り付け] が選択されていることを確認し、[貼り付ける形式] ボックスの [Microsoft Excelワークシートオブジェクト] をクリックして、[OK] をクリックします。

⑥「納品明細書」を閉じます。

5.

①貼り付けた表全体を範囲選択し、[ホーム] タブの [中央揃え] ボタンをクリックします。

> Microsoft Excelワークシートオブジェクトで貼り付けられた表は、ダブルクリックするとWord上でExcelの機能を使った編集ができます

6.

①「株式会社ABCDインテリア　お客様サービスセンター」の前の行の段落記号を選択します。

②[ホーム] タブの [段落] グループの [罫線] ボタンの▼をクリックして、[水平線] をクリックします。

7.

①「株式会社ABCDインテリア　お客様サービスセンター」から最後の行までを選択し、[ホーム] タブの 游明朝 (本文(✓ [フォント]ボックスの▼をクリックして [MSPゴシック] をクリックします。

8.

①「株式会社ABCDインテリア　お客様サービスセンター」と「0120-123-4567（フリーダイヤル）」の2行を選択し、[ホーム]タブの 10.5 ✓ [フォントサイズ] ボックスの▼をクリックして [12] をクリックします。

②[ホーム] タブの B [太字] ボタンをクリックします。

9.

①文末をクリックしてカーソルを表示して、[挿入] タブの [画像] ボタンをクリックし、[図の挿入] ダイアログボックスで画像ファイル「サービスセンター」を選択して [挿入] をクリックします。

②[図ツール] の [書式] タブの 31.49 mm ↕ [図形の高さ] ボックスを [32mm] にします。

③[図ツール] の [書式] タブの 位置 [位置] ボタンをクリックして、[文字列の折り返し] の [左下に配置し、四角の枠に沿って文字列を折り返す] をクリックします。

基礎問題 15 わび状 (品切れ)

1.

①[レイアウト] タブの [サイズ] ボタンの▼をクリックし、[B5] をクリックします。

2.

①完成例を参考に文章を入力します。

3.

①1、5 〜 6行目を行単位で選択し、[ホーム] タブの [右揃え] ボタンをクリックします。

4.

①8行目を行単位で選択し、[ホーム] タブの 游明朝 (本文(✓ [フォント] ボックスの▼をクリックして [12] をクリックします。

②[ホーム] タブの [中央揃え] ボタンをクリックします。

5.

①12 〜 22行目を行単位で選択し、[ホーム] タブの [段落] グループの右下の [段落の設定] ボタンをクリックします。

②[段落] ダイアログボックスの [インデントと行間隔] タブの [最初の行] ボックスの ✓ をクリックし、[字下げ] をクリックします。

③[幅] ボックスに 「1字」 と表示されていることを確認し、[OK] をクリックします。

基礎問題 16 依頼状（講演依頼）

1.

①1、5～7行目を行単位で選択し、**[ホーム]** タブの ≡ **[右揃え]** ボタンをクリックします。

2.

①8行目を行単位で選択し、**[ホーム]** タブの **[スタイル]** グループの ∨ **[その他]** ボタンをクリックして **[表題]** をクリックします。

②**[ホーム]** タブの **B** **[太字]** ボタンをクリックします。

③**[ホーム]** タブの 田▾ **[罫線]** ボタンの▼をクリックし、**[線種とページ罫線と網かけの設定]** をクリックします。

④**[線種とページ罫線と網かけの設定]** ダイアログボックスの**[罫線]**タブの**[設定対象]**ボックスに「段落」と表示されていることを確認します。

⑤**[種類]** の **[指定]** をクリックします。

⑥**[線の太さ]** ボックスに「0.5pt」と表示されていることを確認して **[プレビュー]** の上罫線と下罫線のボタンをクリックし、**[OK]**をクリックします。

3.

①11～19行目を行単位で選択し、**[ホーム]** タブの **[段落]** グループの右下の ⬊ **[段落の設定]** ボタンをクリックします。

②**[段落]** ダイアログボックスの **[インデントと行間隔]** タブの **[最初の行]** ボックスの ∨ をクリックし、**[字下げ]** をクリックします。

③**[幅]** ボックスに「1字」と表示されていることを確認し、**[OK]** をクリックします。

4.

①「テーマ」、「時間」、「時期」、「参加人数」、「場所」、「住所」、「電話」、「謝礼」、「担当」を文字単位で選択し、**[ホーム]**タブの **[均等割り付け]** ボタンをクリックします。

②**[文字の均等割り付け]** ダイアログボックスの **[新しい文字列の幅]** ボックスを**[4字]**に設定し、**[OK]** をクリックします。

5.

①**[デザイン]**タブの **[ページ罫線]** ボタンをクリックします。

②**[線種とページ罫線と網かけの設定]** ダイアログ

ボックスの **[ページ罫線]** タブの **[種類]** の **[囲む]** をクリックし、**[種類]** ボックスで **[二重線]** をクリックします。

③**[プレビュー]** に上下左右の罫線が表示されているのを確認して、**[オプション]** ボタンをクリックします。

④**[基準]** ボックスの ∨ をクリックして **[本文]** をクリックします。

⑤**[罫線とページ罫線のオプション]** ダイアログボックスの **[余白]** の **[上]**、**[下]**、**[右]**、**[左]** のボックスを **[30pt]** に設定し、**[OK]** をクリックします。

⑥**[線種とページ罫線と網かけの設定]** ダイアログボックスの **[OK]** をクリックします。

応用問題 17 注文書

1. 文章を入力します。

①発信日を入力します。

②宛先を入力します。

③発信者を入力します。

④文書のタイトルを入力します。

⑤簡単なあいさつ文と、注文することを伝える文章を入力します。

> 注文書のように事務的な手続きの文書は、頭語・結語、時候のあいさつを省いてもかまわない場合が多いですが、丁寧にしたい場合は通常どおり記載するとよいでしょう。

2. 書式を設定します。

①1行目と6～9行目を行単位で選択し、**[ホーム]** タブの ≡ **[右揃え]** ボタンをクリックします。

②10行目を行単位で選択し、**[ホーム]** タブの **[スタイル]** グループの ∨ **[その他]** ボタンをクリックして **[表題]** をクリックします。

③**[ホーム]** タブの **B** **[太字]** ボタンをクリックします。

④**[ホーム]** タブの 田▾ **[罫線]** ボタンの▼をクリックし、**[線種とページ罫線と網かけの設定]** をクリックします。

⑤**[線種とページ罫線と網かけの設定]** ダイアログボックスの**[罫線]**タブの**[設定対象]**ボックスに「段落」と表示されていることを確認します。

⑥**[種類]** の **[指定]** をクリックし、**[種類]** ボックスで **[二重線]** をクリックします。

⑦**[プレビュー]** の上罫線と下罫線のボタンをクリックして、**[OK]** をクリックします。

3. 注文内容の表を作成します。

①「今後ともよろしくお願い申し上げます。」の下に1行空けて、**[挿入]** タブの [表] ボタンをクリックして **[表の挿入]** をクリックします。

②**[表の挿入]** ダイアログボックスの **[列数]** ボックスに「5」、**[行数]** ボックスに「11」と入力し、**[OK]** をクリックします。

③表に、「商品番号」、「商品名」、「単価（税込）」、「数量」の注文内容を入力します（数値データは計算に使用するため半角入力します）。

④「商品名」が2行にならないように、各列の境界線をポイントして左右の両矢印になったときにドラッグし、列幅を調整します。

⑤「単価（税込）」、「数量」、「合計」の3列は同じ列幅になるように、3列をドラッグして複数選択して、**[表ツール]** の **[レイアウト]** タブの [幅を揃える] ボタンをクリックします。

⑥**[表ツール]** の **[レイアウト]** タブの **[配置]** グループの [上揃え（右）] ボタンをクリックします。

⑦1行目を選択して、**[表ツール]** の **[レイアウト]** タブの **[配置]** グループの [上揃え（中央）] ボタンをクリックします。

⑧**[表ツール]** の **[デザイン]** タブの **[塗りつぶし]** の▼をクリックして **[白、背景1、黒＋基本色5%]** をクリックします。

⑨11行目の左から1〜4列目のセルをドラッグして複数選択して、**[表ツール]** の **[レイアウト]** タブの [セルの結合] ボタンをクリックし、 [上揃え（中央）] ボタンをクリックし、「4月度 注文金額合計」と入力します。

⑩11行目を選択して、**[表ツール]** の **[デザイン]** タブの [塗りつぶし] ボタンの▼をクリックして **[白、背景1、黒＋基本色5%]** をクリックします。

⑪**[ホーム]** タブの **B** [太字] ボタンをクリックします。

⑫表全体を選択して、**[ホーム]** タブの [游明朝（本文] **[フォント]** ボックスの▼をクリックして **[游ゴシック]** をクリックします。

4. 注文内容の表に計算式を設定します。

①表の2行目の5列目のセルにカーソルを移動し、**[表ツール]** の **[レイアウト]** タブの [計算式] **[計算式]** ボタンをクリックします。

②**[計算式]** ダイアログボックスの **[計算式]** ボックスに「=C2*D2」と入力します。

③**[表示形式]** ボックスの をクリックして

[¥#,##0;(¥#,##0)] をクリックし、**[OK]** をクリックします。

④手順②〜③と同様の操作で、表の3行目の5列目に「=C3*D3」、表の4行目の5列目に「=C4*D4」、表の5行目の5列目に「=C5*D5」というように、表の10行目まで計算式を設定します。

> 表に計算式を設定する場合、セル参照を使用します。たとえば、3行5列の表では、次のようなセル番地になります。
>
> | A1 | B1 | C1 | D1 | E1 |
> |----|----|----|----|----|
> | A2 | B2 | C2 | D2 | E2 |
> | A3 | B3 | C3 | D3 | E3 |
>
> なお、元の数字を変更した場合、計算結果は自動更新されません。更新するには計算結果を選択してF9キーを押します。

⑤表の11行目の5列目のセルにカーソルを移動し、**[表ツール]** の **[レイアウト]** タブの [計算式] **[計算式]** ボタンをクリックします。

⑥**[計算式]** ダイアログボックスの **[計算式]** ボックスに「=SUM(ABOVE)」と表示されていることを確認します。

⑦**[表示形式]** ボックスの をクリックして [¥#,##0;(¥#,##0)] をクリックして、**[OK]** をクリックします。

> 「=SUM(ABOVE)」は同じ列の上端までの値（今回の場合、セルE2〜E10まで）を合計する計算式です。

5. 通信欄の表を作成します。

①注文内容の表の下に1行空けて、**[挿入]** タブの [表] ボタンをクリックして、「表（1行×1列）」と表示されるまでマス目上をドラッグします。

②表に、「通信欄」と入力して、4回改行し、空行を4行入れます。

③「通信欄」を選択し、**[ホーム]** タブの [游明朝（本文] **[フォント]** ボックスの▼をクリックして **[游ゴシック]** をクリックします。

応用問題 **18** 請求書

1. 文章を入力します。

①発信日、宛先、発信者を入力します。

②文書のタイトルを入力します。

③前文を入力します（「平素は〜御礼申し上げま

110

④主文を入力します（「下記のとおり〜お願い申し上げます。」）。

⑤以降、入力例を参考に空行も含めて入力します。

2. 書式を設定します。

①**[レイアウト]** タブの 🗏 **[余白]** ボタンをクリックし、**[やや狭い]** をクリックします。

②**[デザイン]** タブの 🎨 **[テーマ]** ボタンをクリックし、**[メトロポリタン]** をクリックします。

③発信日、発信者を行単位で選択し、**[ホーム]** タブの ≡ **[右揃え]** ボタンをクリックします。

④タイトルを選択し、**[ホーム]** タブの **[スタイル]** グループの ∨ **[その他]** ボタンをクリックして **[表題]** をクリックします。

3. Excelの請求書をコピーして貼り付けます。

①Excelファイル「請求書」を開き、**[請求]** シートのセルA3 〜 F4を範囲選択して、**[ホーム]** タブの 📋 **[コピー]** ボタンをクリックします。

②Word文書に戻り、「太線内の金額をお振込みください。」の先頭にカーソルを移動し、**[ホーム]** タブの 📋 **[貼り付け]** ボタンをクリックします。

③表全体を選択し、**[表ツール]** の **[レイアウト]** タブの **[自動調整]** ボタンをクリックし、**[ウィンドウ幅に自動調整]** をクリックします。

④**[ホーム]** タブの 游明朝(本文(∨) **[フォント]** ボックスの▼をクリックして **[MSPゴシック]** をクリックします。

⑤**[表ツール]** の **[レイアウト]** タブの ⬆高さ: 6.4 mm ⬍ **[高さ]** ボックスを **[10mm]** に設定します。

⑥表の1行目を選択し、**[表ツール]** の **[デザイン]** タブの 🎨 **[塗りつぶし]** ボタンをクリックして、**[テーマの色]** の **[オリーブ、アクセント5、白+基本色80%]** （上から2行目の右から2列目）をクリックします。

⑦表の6列目を選択し、**[表ツール]** の **[デザイン]** タブの 0.5 pt ───── ∨ **[ペンの太さ]** ボックスの▼をクリックして、**[2.25pt]** をクリックします。

⑧**[表ツール]** の **[デザイン]** タブの ⊞ ▼ **[罫線]** ボタンの▼をクリックし、**[外枠]** をクリックします。

⑨「太枠内の金額をお振込みください。」の行を選択し、**[ホーム]** タブの ≡ **[右揃え]** ボタンをクリッ

クします。

4. Excelの明細表をコピーして貼り付けます。

①Excelファイル「請求書」の **[明細]** シートのセルA1 〜 E10を範囲選択し、**[ホーム]** タブの 📋 ▼ **[コピー]** ボタンをクリックします。

②Word文書に戻り、「12月20日までに、下記口座までお振込をお願い申し上げます。」の先頭にカーソルを移動し、**[ホーム]** タブの 📋 **[貼り付け]** ボタンをクリックします。

③表全体を選択し、**[表ツール]** の **[レイアウト]** タブの **[自動調整]** ボタンをクリックして、**[ウィンドウ幅に自動調整]** をクリックします。

④**[ホーム]** タブの 游明朝(本文(∨) **[フォント]** ボックスの▼をクリックして **[MSPゴシック]** をクリックします。

⑤表の1行目を選択し、**[表ツール]** の **[デザイン]** タブの 🎨 **[塗りつぶし]** ボタンをクリックして、**[テーマの色]** の **[オリーブ、アクセント5、白+基本色80%]** （上から2行目の右から2列目）をクリックします。

> 請求書など金額を計算する場合は、Excelで表を作成し、それをWordにコピーすると計算の間違いがありません。請求明細の数が多い場合は、「別紙明細書のとおり、ご請求申し上げます。」としてページを分けるとよいでしょう。

応用問題 19 見積書

1. 文章を入力します。

①発信日、文書のタイトル、宛先、発信者を入力します。

②前文を入力します（「平素は〜御礼申し上げます。」）。

③主文を入力します（「下記のとおり〜お願い申し上げます。」）。

④以降、入力例を参考に空行も含めて入力します。

2. 書式を設定します。

①すべての行を選択し、**[ホーム]** タブの 游明朝(本文(∨) **[フォント]** ボックスの▼をクリックして **[游ゴシック]** をクリックします。

②1 〜 2行目と5 〜 10行目を行単位で選択し、**[ホーム]** タブの ≡ **[右揃え]** ボタンをクリックします。

③3行目を行単位で選択し、**[ホーム]** タブの **[スタ**

イル］グループの ▽ ［**その他**］ ボタンをクリックして ［**表題**］ をクリックします。

④［**ホーム**］ タブの ▦▾ ［**罫線**］ ボタンの▼をクリックし、［**下罫線**］ をクリックします。

⑤4行目を行単位で選択し、［**ホーム**］ タブの 10.5 ▽ ［**フォントサイズ**］ ボックスの▼をクリックして ［**14**］ をクリックします。

⑥「有効期間」、「御支払条件」を文字単位で選択し、［**ホーム**］タブの ▤ ［**均等割り付け**］ボタンをクリックします。

⑦［**文字の均等割り付け**］ ダイアログボックスの ［**新しい文字列の幅**］ボックスを ［**5字**］ に設定し、［**OK**］ をクリックします。

⑧「御見積金額合計：」の行を行単位で選択し、［**ホーム**］ タブの 10.5 ▽ ［**フォントサイズ**］ ボックスの ▼をクリックして ［**14**］ をクリックします。

⑨［**ホーム**］ タブの ▤ ［**中央揃え**］ ボタンをクリックします。

3. 押印欄を挿入します。

①「平素は格別のお引き立てを…」の前の行にカーソルを移動し、［**挿入**］ タブの ▣▾ ［**クイックパーツの表示**］ ボタンをクリックし、［**文書パーツオーガナイザー**］ をクリックします。

②［**文書パーツオーガナイザー**］ ダイアログボックスの［**文書パーツ**］ボックスの［**押印欄**］をクリックし、［**挿入**］ をクリックします。

③押印欄が右揃えで挿入されたのを確認し、押印欄全体をドラッグして選択します。

④［**ホーム**］ タブの 游明朝 (本文c▽ ［**フォント**］ ボックスの▼をクリックして ［**游ゴシック**］ をクリックします。

> クイックパーツの ［**押印欄**］ は問題**13**で登録したものを使用します。登録していない場合は問題**13**の設問**5.**の手順で表を作成します。

4. 表を作成します。

①「【御見積内訳】」の次の行にカーソルを移動し、［**挿入**］ タブの ▦ ［**表**］ ボタンをクリックして、「表（5行×5列）」と表示されるまでマス目上をドラッグします。

②完成例を参考に、表の1行目の1～5列目と、2～3行目の1～4列目を入力します。

③完成例を参考に、「内容」が2行にならないように、各列の境界線をポイントして左右の両矢印になっ

たときにドラッグし、列幅を調整します。

④「単価」、「数量」、「合計」の3列を列単位で複数選択して、［**ホーム**］ タブの ▤ ［**右揃え**］ ボタンをクリックします。

⑤1行目を選択して ［**ホーム**］ タブの ▤ ［**中央揃え**］ ボタンをクリックします。

⑥［**表ツール**］の ［**デザイン**］ タブの ▨ ［**塗りつぶし**］ ボタンの▼をクリックして ［**青、アクセント1、白＋基本色80%**］ をクリックします。

⑦4行目の左から1～4列目のセルをドラッグして複数選択して、［**表ツール**］の ［**レイアウト**］ タブの ▦ ［**セルの結合**］ ボタンをクリックし、▤ ［**上揃え（中央）**］ をクリックし、「消費税（10%）」と入力します。

⑧手順⑦と同様の操作で、5行目の1～4列目もセルを結合して上揃え（中央）にし、「御見積金額合計」と入力します。

⑨表全体を選択して、［**ホーム**］ タブの 游明朝 (本文c▽ ［**フォント**］ボックスの▼をクリックして［**游ゴシック**］ をクリックします。

5. 表に計算式を設定します。

①表の2行目の5列目のセルにカーソルを移動し、［**表ツール**］の ［**レイアウト**］ タブの fx 計算式 ［**計算式**］ ボタンをクリックします。

②［**計算式**］ ダイアログボックスの ［**計算式**］ ボックスに「=B2*C2」と入力します。

③［**表示形式**］ ボックスの ▽ をクリックして ［**¥#,##0;(¥#,##0)**］ をクリックし、［**OK**］ をクリックします。

④手順②～③と同様の操作で表の3行目の5列目に「=B3*C3」の計算式を設定し、［**表示形式**］ ボックスを ［**¥#,##0;(¥#,##0)**］ にします。

⑤手順②～③と同様の操作で、表の4行目の5列目に「=（E2+E3）*0.1」の計算式を設定し、［**表示形式**］ボックスを ［**¥#,##0;(¥#,##0)**］ にします。

⑥手順②～③と同様の操作で、表の5行目の5列目に「=SUM（ABDVE）」の計算式が設定されているのを確認し、［**表示形式**］ボックスを ［**¥#,##0;(¥#,##0)**］ にします。

⑦5行目の5列目の計算結果を選択して、［**挿入**］ タブの ［**リンク**］ グループの ▶ ブックマーク ［**ブックマーク**］ ボタンをクリックします。

⑧［**ブックマーク**］ ダイアログボックスの ［**ブックマーク名**］ ボックスに「goukei」と入力し、［**追加**］ をクリックします。

計算結果を他のセルで利用したい場合は、あらかじめ計算フィールドにブックマークを設定しておきます。なお、ブックマークを設定する際のフィールドの選択には、段落記号を含めないようにします。

⑨「見積金額合計　：」の右端（：の右）をクリックし、[挿入] タブの 🖼▾ [クイックパーツの表示] ボタンをクリックして [フィールド] をクリックします。

⑩[フィールド] ダイアログボックスの [計算式] をクリックします。

⑪[計算式] ダイアログボックスの [計算式] ボックスに「=goukei」と入力します。

⑫[表示形式] ボックスの ✓ をクリックして [¥#,##0;(¥#,##0)] をクリックし、[OK] をクリックします。

応用問題 20　通知状（業務組織変更）

1. 文章を入力します。

①発信日、宛先、発信者を入力します。

宛先が複数の場合は、敬称を「各位」にします。

②文書のタイトルを入力します。

③前文を入力します（「拝啓～厚く御礼申し上げます。」）。

④主文を入力します（「さて、～お願い申し上げます。」）。

⑤結び言葉を入力します（「まずは略儀ながら～申し上げます。」）。

⑥別記として組織の変更、人事異動を入力します。

組織の変更や人事異動は表組みにするとわかりやすいですが、表にする以外にも箇条書きにしてもよいでしょう。

2. 書式を設定します。

①[デザイン] タブの 🖥 [テーマ] ボタンをクリックし、[レトロスペクト] をクリックします。

②[デザイン] タブの [ドキュメントの書式設定] の [その他] ボタンをクリックし、[組み込み] の [基本（シンプル）] をクリックします。

③[デザイン] タブの 🎨 [配色] ボタンの▼をクリックして [青] をクリックします。

④すべての行を選択して、[ホーム] タブの [段落] グループの右下の 🔲 [段落の設定] ボタンをク

リックします。

⑤[段落] ダイアログボックスの [インデントと行間隔] タブの [間隔] の [段落前]、[段落後] のボックスを [0] にし、[OK] をクリックします。

⑥発信日、発信者の会社名と氏名を行単位で選択し、[ホーム] タブの ≡ [右揃え] ボタンをクリックします。

⑦タイトルを選択し、[ホーム] タブの [スタイル] グループの ✓ [その他] ボタンをクリックして [表題] をクリックします。

⑧[ホーム] タブの 10.5 ✓ [フォントサイズ] ボックスの▼をクリックし、[16] をクリックします。

⑨[ホーム] タブの ≡ [中央揃え] ボタンをクリックします。

⑩8～11行目を行単位で選択し、[ホーム] タブの [段落] グループの右下の 🔲 [段落の設定] ボタンをクリックします。

⑪[段落] ダイアログボックスの [インデントと行間隔] タブの [最初の行] ボックスの ✓ をクリックし、[字下げ] をクリックします。

⑫[幅] ボックスに「1字」と表示されていることを確認し、[OK] をクリックします。

⑬「組織の変更」と「人事異動」を行単位で選択し、[ホーム] タブの ☰ [段落番号] ボタンの▼をクリックし、[番号ライブラリ] の [1.2.3.] の形式の段落番号をクリックします。

3. 組織変更を説明する表を作成します。

①「1.組織の変更」の次の行にカーソルを移動し、[挿入] タブの 🔲 [表] ボタンをクリックし、「表（3行×2列）」と表示されるまでマス目上をドラッグします。

②1行目に「新組織」、「旧組織」、2行目に「営業企画部」、「営業推進部」、3行目に「海外事業部」、「海外事業推進課」と入力します。

③表内にカーソルを移動し、[表ツール] の [デザイン] タブの [表のスタイル] グループの ✓ [その他] ボタンをクリックし、[グリッドテーブル] の [グリッド（表）1　淡色]（1行目の左から1列目）をクリックします。

④[表ツール] の [デザイン] タブの [表スタイルのオプション] グループの [最初の列] のチェックを外します。

⑤1行目を行単位で選択して、[ホーム] タブの ≡ [中央揃え] ボタンをクリックします。

⑥[ホーム] タブの B [太字] ボタンをクリックし

て太字を解除します。

4. 人事異動を説明する表を作成します。

①「2.人事異動」の次の行にカーソルを移動し、[挿入] タブの [表] ボタンをクリックし、「表 (3行×3列)」と表示されるまでマス目上をドラッグします。

②1行目に「新役職」、「氏名」、「旧役職」、2行目に「営業企画部 部長」、「佐野 孝志」、「法人営業部 部長」、3行目に「海外事業部 部長」、「澤田 ゆかり」、「海外事業推進課 課長」と入力します。

③表内にカーソルを移動し、[表ツール] の [デザイン] タブの [表のスタイル] グループの ▽ [その他] ボタンをクリックし、[グリッドテーブル] の [グリッド (表) 1 淡色] (1行目の左から1列目) をクリックします。

④[表ツール] の [デザイン] タブの [表スタイルのオプション] グループの [最初の列] のチェックを外します。

⑤1行目を行単位で選択して、[ホーム] タブの ≡ [中央揃え] ボタンをクリックします。

⑥[ホーム] タブの B [太字] ボタンをクリックして太字を解除します。

応用問題 21 送付状 (資料送付)

1. 文章を入力します。

①発信日、宛先、発信者を入力します。

②文書のタイトルを入力します。

③前文を入力します (「拝啓~厚く御礼申し上げます。」)。

④主文を入力します (「さて、~お願い申し上げます。」)。

⑤結び言葉を入力します (「取り急ぎ~申し上げます。」)。

⑥別記として同封する資料のリストと、問合せ先を入力します。

2. 書式を設定します。

①[デザイン] タブの [テーマ] ボタンをクリックし、[ファセット] をクリックします。

②[デザイン] タブの [ドキュメントの書式設定] の ▽ [その他] ボタンをクリックし、[組み込み] の [影付き] をクリックします。

③[デザイン] タブの [配色] ボタンの ▼ をクリックして [暖かみのある青] をクリックします。

④すべての行を選択して、[ホーム] タブの [段落]

グループの右下の ⌐ [段落の設定] ボタンをクリックします。

⑤[段落] ダイアログボックスの [インデントと行間隔] タブの [間隔] の [段落前]、[段落後] のボックスを [0]、[行間] ボックスを [1行] にし、[1ページの行数を指定時に文字を行グリッド線に合わせる] のチェックを外して [OK] をクリックします。

⑥発信日、発信者の会社名と氏名を行単位で選択し、[ホーム] タブの ≡ [右揃え] ボタンをクリックします。

⑦タイトルを選択し、[ホーム] タブの [スタイル] グループの ▽ [その他] ボタンをクリックして [表題] をクリックします。

⑧[ホーム] タブの ≡ [中央揃え] ボタンをクリックします。

⑨11~15行目を行単位で選択し、[ホーム] タブの [段落] グループの右下の ⌐ [段落の設定] ボタンをクリックします。

⑩[段落] ダイアログボックスの [インデントと行間隔] タブの [最初の行] ボックスの ▽ をクリックし、[字下げ] をクリックします。

⑪[幅] ボックスに「1字」と表示されていることを確認し、[OK] をクリックします。

⑫「同封」の行を選択し、[ホーム] タブの [スタイル] グループの ▽ [その他] ボタンをクリックして [強調太字] をクリックします。

⑬手順⑫と同様の操作で、「お問合せ先」にも [強調太字] を設定します。

⑭20~24行目を行単位で選択し、[ホーム] タブの [段落] グループの右下の ⌐ [段落の設定] ボタンをクリックします。

⑮[段落] ダイアログボックスの [インデントと行間隔] タブの [タブ設定] をクリックします。

⑯[タブとリーダー] ダイアログボックスの [タブ位置] ボックスに「30字」と入力します。

⑰[配置] の [左揃え] が選択されているのを確認し、[設定] をクリックして [OK] をクリックします。

応用問題 22 宛名ラベル

1. 宛名ラベルのひな形を作成します。

①[差し込み文書] タブの [差し込み印刷の開始] ボタンをクリックし、[ラベル] をクリックします。

②[ラベルオプション] ダイアログボックスの [ラベルの製造元] ボックスの ▽ をクリックして [A-ONE] をクリックし、[製品番号] ボックスの

[A-ONE 28187]をクリックして[サイズの詳細]をクリックします。

③ラベルの詳細情報を設定するダイアログボックスの[ラベル数(横)]ボックスに「2」、[ラベル数(縦)]ボックスに「6」と表示されていることを確認して[OK]をクリックします。

④[ラベルオプション]ダイアログボックスの[OK]をクリックします。

⑤文書にラベルの枠と段落記号が表示されます。

2. データファイルを設定します。

①[差し込み文書]タブの 🖼 [宛先の選択]ボタンをクリックし、[既存のリストを使用]をクリックします。

②[データファイルの選択]ダイアログボックスでファイル「顧客一覧」をクリックし、[開く]をクリックします。

③[テーブルの選択]ダイアログボックスの[OK]をクリックします。

④メイン文書の2枚目以降のラベル位置に[Next Record]フィールドが表示されていることを確認します。

> [Next Record]フィールドは2件目以降のレコードの挿入位置を示すフィールドです。宛名ラベルでは、複数の宛名データが差し込まれるため、自動的にこのフィールドが挿入されます。

3. 差し込みフィールドの設定を行います。

①左上の宛名ラベルの1行目をクリックし、「〒」と入力します。

②[差し込み文書]タブの 🖼 [差し込みフィールドの挿入]ボタンの▼をクリックし、[郵便番号]をクリックして、[郵便番号]フィールドが挿入されたことを確認します。

③2行目をクリックし、手順②と同様の操作で[住所1]と[住所2]のフィールドを挿入します。

④Enterキーを押して3行目にカーソルを移動し、手順②と同様の操作で[会社名]フィールドを挿入します。

⑤手順④と同様の操作で4行目に[部署名]フィールド、5行目に[顧客名]フィールドを挿入して、右側に「様」と入力します。

⑥[顧客名]フィールドと「様」を行単位で選択し、[ホーム]タブの 10.5 ∨ [フォントサイズ]ボックスの▼をクリックして[12]をクリックします。

⑦[ホーム]タブの B [太字]ボタンをクリックします。

4. 作成したラベルのレイアウトをすべてのラベルに反映させます。

①[差し込み文書]タブの[複数ラベルに反映]ボタンをクリックします。

5. 宛名ラベルの結果を表示します。

①[差し込み文書]タブの 🖼 [結果のプレビュー]ボタンをクリックし、宛名ラベルにデータファイルの住所と顧客名が表示されていることを確認します。

応用 問題 **23** わび状（納品数量不足）

1. 文章を入力します。

①発信日、宛先、発信者を入力します。

②文書のタイトルを入力します。

③前文を入力します（「謹啓〜厚く御礼申し上げます。」）。

④主文を入力します（「さて、〜お願い申し上げます。」）。

⑤末文を入力します（「取り急ぎお詫びと〜お願い申し上げます。」）。

2. 書式を設定します。

①[レイアウト]タブの[ページ設定]グループの右下の 🖼 [ページ設定]ボタンをクリックします。

②[ページ設定]ダイアログボックスの[文字数と行数]タブをクリックし、[行数]ボックスを[25]に設定して[OK]をクリックします。

③発信日、発信者の会社名と氏名を行単位で選択し、[ホーム]タブの ☰ [右揃え]ボタンをクリックします。

④タイトルを選択し、[ホーム]タブの 10.5 ∨ [フォントサイズ]ボックスの▼をクリックして[14]をクリックします。

⑤[ホーム]タブの ☰ [中央揃え]ボタンをクリックします。

⑥10〜16行目を行単位で選択し、[ホーム]タブの[段落]グループの右下の 🖼 [段落の設定]ボタンをクリックします。

⑦[段落]ダイアログボックスの[インデントと行間隔]タブの[最初の行]ボックスの∨をクリックし、[字下げ]をクリックします。

⑧[幅] ボックスに「1字」と表示されていることを
　確認し、[OK] をクリックします。

第3章
【社内】報連相

基礎問題 24　報告（出張旅費精算）

1.

①[レイアウト]タブの □ [余白]ボタンの▼をクリッ
　クして [ユーザー設定の余白] をクリックします。

②[余白] ダイアログボックスの [上]、[下] のボッ
　クスを [15mm] に設定して [OK] をクリック
　します。

2.

①1行目を行単位で選択し、[ホーム] タブの [スタ
　イル] グループの ▽ [その他] ボタンをクリック
　して [表題] をクリックします。

3.

①1行目の最後にカーソルを移動し、Enterキーを押
　して改行します。

②[挿入] タブの □▾ [クイックパーツの表示] ボ
　タンをクリックし、[文書パーツオーガナイザー]
　をクリックします。

③[文書パーツオーガナイザー] ダイアログボックス
　の[文書パーツ]ボックスの[押印欄]をクリックし、
　[挿入] をクリックします。

④押印欄が右揃えで挿入されたのを確認し、社長の
　列（一番左）を選択して表示されるポップアップ
　メニューの [削除] をクリックし、[列の削除] を
　クリックします。

> クイックパーツの [押印欄] は問題**13**で登録したも
> のを使用します。登録していない場合は問題**13**の設
> 問**5**の手順で表を作成します。

4.

①す べ て の 行 を 選 択 し、[ホ ー ム] タ ブ の
　遊明朝 (本文(✓ [フォント] ボックスの▼をクリック
　して [MSPゴシック] をクリックします。

5.

①1番目の表の左から1列目を選択し、[表ツール]
　の [デザイン] タブの ▨ [塗りつぶし] ボタンの
　▼をクリックして [薄い灰色、背景2] をクリッ
　クします。

②1番目の表の「氏名」と入力されているセルの中
をクリックしてF4キーを押します。

6.

①「【宿泊費明細】」の表の1行目を選択し、[表ツール]
の[デザイン]タブの ⬛ [塗りつぶし]ボタンの
▼をクリックして[薄い灰色、背景2]をクリッ
クします。

②「【日当明細】」の表の1行目を選択してF4キーを
押します。

③「【交通費明細】」の表の1行目を選択してF4キー
を押します。

7.

①「【宿泊費明細】」の表の4行目の左から1～3列目
のセルをドラッグして複数選択し、[表ツール]の
[レイアウト]タブの ⬛ [セルの結合]ボタンを
クリックします。

②[表ツール]の[レイアウト]タブの ⬛ [上揃え（中
央）]ボタンをクリックします。

8.

①「【日当明細】」の表の5行目の左から1～3列目の
セルをドラッグして複数選択し、[表ツール]の[レ
イアウト]タブの ⬛ [セルの結合]ボタンをクリッ
クします。

②[表ツール]の[レイアウト]タブの ⬛ [上揃え（中
央）]ボタンをクリックします。

9.

①「【交通費明細】」の表の2行目の左から1列目のセ
ルの中をクリックして[表ツール]の[レイアウト]
タブの ⬛ [上揃え（中央）]ボタンをクリックし
ます。

10.

①1番目の表の「支払金額」の右隣りのセルの中を
クリックし、[表ツール]の[デザイン]タブの
⬛ 0.5 pt ⬛ [ペンの太さ]ボックスの▼
をクリックして[2.25pt]をクリックします。

②[表ツール]の[レイアウト]タブの ⬛ [罫線]
ボタンの▼をクリックして[外枠]をクリックし
ます。

11.

①「宿泊費合計」の右隣りのセルの中をクリック

し、[表ツール]の[デザイン]タブの
⬛ 0.5 pt ⬛ [ペンの太さ]ボックスの▼
をクリックして[1.5pt]をクリックします。

②[表ツール]の[レイアウト]タブの ⬛ [罫線]
ボタンの▼をクリックして[外枠]をクリックし
ます。

③「日当合計」の右隣りのセルの中をクリックして
F4キーを押します。

④「交通費合計」の右隣りのセルの中をクリックして
F4キーを押します。

12.

①完成例を参考に、問題文のとおりにセルに情報を
入力します。

基礎問題 25 連絡（社内セミナー開催のお知らせ）

1.

①[レイアウト]タブの ⬛ [余白]ボタンの▼をクリッ
クして[ユーザー設定の余白]をクリックします。

②[余白]ダイアログボックスの[上]ボックスを
[20mm]、[下]ボックスを[15mm]に設定し
て[OK]をクリックします。

2.

①1、2、4行目を行単位で選択し、[ホーム]タブ
の ⬛ [右揃え]ボタンをクリックします。

3.

①6行目を行単位で選択し、[ホーム]タブの[スタ
イル]グループの ⬛ [その他]ボタンをクリック
して[表題]をクリックします。

②[ホーム]タブの 10.5 ⬛ [フォントサイズ]ボッ
クスの▼をクリックして[14]をクリックします。

③[ホーム]タブの ⬛ [太字]ボタンをクリックしま
す。

④[ホーム]タブの ⬛ [罫線]ボタンの▼をクリッ
クし、[線種とページ罫線と網かけの設定]をクリッ
クします。

⑤[線種とページ罫線と網かけの設定]ダイアログ
ボックスの[罫線]タブの[設定対象]ボックスに「段
落」と表示されていることを確認します。

⑥[種類]の[指定]をクリックし、[種類]ボック
スの[二重線]をクリックします。

⑦[色]ボックスの ⬛ をクリックして[オレンジ、
アクセント2]をクリックします。

⑧ [プレビュー] の上罫線と下罫線のボタンをクリックして [OK] をクリックします。

4.

① 7 ～ 13行目を行単位で選択し、[ホーム] タブの [段落] グループの右下の ⌐ [段落の設定] ボタンをクリックします。

② [段落] ダイアログボックスの [インデントと行間隔] タブの [最初の行] ボックスの ∨ をクリックし、[字下げ] をクリックします。

③ [幅] ボックスに「1字」と表示されていることを確認し、[OK] をクリックします。

5.

① 12行目の「4月20日までに」の文字をドラッグして選択し、[ホーム] タブの U・ [下線] ボタンの▼をクリックして [波線の下線] をクリックします。

② [ホーム] タブの 游明朝 (本文(∨ [フォント] ボックスの▼をクリックして [游ゴシック] をクリックします。

③ B [太字] ボタンをクリックします。

6.

① 「テーマ」、「内容」、「日時」、「会場」、「定員」、「講師」、「問合せ先」、「備考」を文字単位で選択し、[ホーム] タブの 均 [均等割り付け] ボタンをクリックします。

② [文字の均等割り付け] ダイアログボックスの [新しい文字列の幅] ボックスを [4字] に設定し、[OK] をクリックします。

7.

① 「キリトリ線」の行を行単位で選択し、[ホーム] タブの ≡ [中央揃え] ボタンをクリックします。

② [ホーム] タブの ⊞・ [罫線] ボタンの▼をクリックし、[線種とページ罫線と網かけの設定] をクリックします。

③ [線種とページ罫線と網かけの設定] ダイアログボックスの [罫線] タブの [設定対象] ボックスに「段落」と表示されていることを確認します。

④ [種類] の [指定] をクリックし、[種類] ボックスの「点線」をクリックして、[プレビュー] の下罫線のボタンをクリックして、[OK] をクリックします。

8.

① 「社内セミナー「生活習慣病を予防する食事」受講申込書」の行を行単位で選択し、[ホーム] タブの [スタイル] グループの ∨ [その他] ボタンをクリックして [副題] をクリックします。

9.

① 「社内セミナー「生活習慣病を予防する食事」受講申込書」の次の行にカーソルを移動し、[挿入] タブの ⊞ [表] ボタンをクリックして、「表 (3行×4列)」と表示されるまでマス目上をドラッグします。

10.

① 表の1列目を選択し、[表ツール] の [レイアウト] タブの ⊞幅: 37.5 mm ⌄ [幅] ボックスを [20mm] に設定します。

② 表の3列目を選択し、F4キーを押します。

③ 表の2列目を選択し、[表ツール] の [レイアウト] タブの ⊞幅: 37.5 mm ⌄ [幅] ボックスを [55mm] に設定します。

④ 表の4列目を選択し、F4キーを押します。

11.

① 表の1 ～ 2行目を行単位で選択し、[表ツール] の [レイアウト] タブの ⊡高さ: 6.4 mm ↕ [高さ] ボックスを [10mm] に設定します。

② 表の3行目を行単位で選択し、[レイアウト] タブの ⊡高さ: 6.4 mm ↕ [高さ] ボックスを [25mm] に設定します。

12.

① 3行目を行単位で選択し、[表ツール] の [レイアウト] タブの セルの結合 [セルの結合] ボタンをクリックします。

13.

① 完成例を参考に表内に文字を入力します。

② 表の1 ～ 2行目を行単位で選択し、[表ツール] の [レイアウト] タブの ▤ [中央揃え] ボタンをクリックします。

基礎問題 26 連絡（社員旅行のご案内）

1.

① [ファイル] タブをクリックし、[新規] をクリッ

118

クします。

②［オンラインテンプレートの検索］ボックスに「グリーンウェーブ」と入力して［検索の開始］ボタンをクリックし、［レターヘッド（グリーンウェーブのデザイン）］をクリックして［作成］をクリックします。

③すべてを選択して削除します。

④入力例を参考に、文章を入力します。

2.

①すべての行を選択して、［ホーム］タブの［段落］グループの右下の ［段落の設定］ボタンをクリックします。

②［段落］ダイアログボックスの［インデントと行間隔］タブの［間隔］の［段落後］ボックスを［0］にします。

③［インデント］を左［2字］右［2字］にして［OK］をクリックします。

3.

①1行目を行単位で選択し、［ホーム］タブの 10.5 ✓ ［フォントサイズ］ボックスの▼をクリックして［36］をクリックします。

②［ホーム］タブの ≡ ［中央揃え］ボタンをクリックします。

③［ホーム］タブの［フォントの色］ボタンの▼をクリックして［テーマの色］の［緑、アクセント4］をクリックします。

4.

①2～8行目を行単位で選択し、［ホーム］タブの［段落］グループの右下の ［段落の設定］ボタンをクリックします。

②［段落］ダイアログボックスの［インデントと行間隔］タブの［最初の行］ボックスの ✓ をクリックし、［字下げ］をクリックします。

③［幅］ボックスに「1字」と表示されていることを確認し、［OK］をクリックします。

5.

①4行目の「2月1日までに」の文字をドラッグして選択し、［ホーム］タブの U ▾ ［下線］ボタンの▼をクリックして［二重線］をクリックします。

②［ホーム］タブの U ▾ ［下線］ボタンの▼をクリックして［下線の色］をポイントし、［標準の色］の［濃い赤］をクリックします。

③［ホーム］タブの B ［太字］ボタンをクリックします。

6.

①9行目と17行目を行単位で選択し、［ホーム］タブの 10.5 ✓ ［フォントサイズ］ボックスの▼をクリックして［16］をクリックします。

②［ホーム］タブの ≡ ［中央揃え］ボタンをクリックします。

③［ホーム］タブの B ［太字］ボタンをクリックします。

④［ホーム］タブの A ▾ ［フォントの色］ボタンをクリックします。

7.

①9行目と17行目を行単位で選択し、［ホーム］タブの ⊞ ▾ ［罫線］ボタンの▼をクリックして［線種とページ罫線と網かけの設定］をクリックします。

②［線種とページ罫線と網かけの設定］ダイアログボックスの［罫線］タブの［設定対象］ボックスに「段落」と表示されていることを確認します。

③［種類］の［指定］をクリックし、［色］ボックスの ✓ をクリックして［テーマの色］の［緑、アクセント4］をクリックします。

④［線の太さ］ボックスの ✓ をクリックして［1.5pt］をクリックします。

⑤［プレビュー］の下罫線のボタンをクリックして、［OK］をクリックします。

8.

①「日程」、「集合場所」、「集合時間」、「行先」、「宿泊先」、「問合せ先」を文字単位で選択し、［ホーム］タブの ▤ ［均等割り付け］ボタンをクリックします。

②［文字の均等割り付け］ダイアログボックスの［新しい文字列の幅］ボックスを［4字］に設定し、［OK］をクリックします。

9.

①「ゴルフ」、「アウトレット」、「温泉」を文字単位で選択し、［ホーム］タブの ▤ ［均等割り付け］ボタンをクリックします。

②［文字の均等割り付け］ダイアログボックスの［新しい文字列の幅］ボックスを［6字］に設定し、［OK］をクリックします。

基礎問題 27 稟議書

1.

①1行目に「稟　議　書」と入力します。

2.

①[レイアウト] タブの [余白] の▼をクリックして [狭い] を選択します。

3.

①「稟　議　書」の後で改行して2行目を追加します。
②[挿入] タブの [表] ボタンをクリックして、[表の挿入] をクリックします。
③[表の挿入] ダイアログボックスの [列数] ボックスに「8」、[行数] ボックスに「14」と入力して [OK] をクリックします。

4.

①表の1行目の左から2 ～ 8列目のセルをドラッグして複数選択し、[表ツール] の [レイアウト] タブの [セルの結合] ボタンをクリックします。

5.

①表の2行目の左から2 ～ 6列目のセルをドラッグして複数選択し、[表ツール] の [レイアウト] タブの [セルの結合] ボタンをクリックします。
②表の3行目の左から2 ～ 6列目のセルをドラッグして複数選択し、F4キーを押します。
③手順②と同様の操作で、4 ～ 6行目の2 ～ 6列目も行ごとに結合します。

6.

①表の7行目を行単位で選択し、[表ツール] の [レイアウト] タブの [セルの結合] ボタンをクリックします。
②表の8行目を行単位で選択し、F4キーを押します。
③手順②と同様の操作で、13 ～ 14行目も行ごとに結合します。

7.

①表の9行目の1 ～ 7列目のセルをドラッグして複数選択し、[表ツール] の [レイアウト] タブの [セルの結合] ボタンをクリックします。

8.

①1行目を行単位で選択し、[ホーム] タブの 10.5 ✓

[フォントサイズ] ボックスの▼をクリックして、[16] をクリックします。
②[ホーム] タブの [中央揃え] ボタンをクリックします。

9.

①完成例を参考に、セルに文字を入力します。

10.

①1 ～ 7行目の文字が入力されたセルをCtrlキーを押しながらドラックして複数選択し、[ホーム] タブの [中央揃え] ボタンをクリックします。

11.

①表の9行目と12行目を行単位で選択して [ホーム] タブの [中央揃え] ボタンをクリックします。

12.

①表の8行目を行単位で選択し、[表ツール] の [レイアウト] タブの 高さ: 6.4 mm [高さ] ボックスに「100」と入力します。
②表の11行目を行単位で選択し、[表ツール] の [レイアウト] タブの 高さ: 6.4 mm [高さ] ボックスに「23」と入力します。
③表の13 ～ 14行目を行単位で複数選択し、[表ツール] の [レイアウト] タブの 高さ: 6.4 mm [高さ] ボックスに「30」と入力します。

13.

①塗りつぶすセルをドラッグして複数選択し、[表ツール] の [デザイン] タブの [塗りつぶし] ボタンの▼をクリックして [薄い灰色、背景2] をクリックします。

基礎問題 28 議事録（営業戦略会議）

1.

①[レイアウト] タブの [余白] ボタンをクリックし、[やや狭い] をクリックします。

2.

①1行目を行単位で選択し、[ホーム] タブの [スタイル] グループの [その他] ボタンをクリックして [表題] をクリックします。
②[ホーム] タブの [罫線] ボタンの▼をクリックし、[線種とページ罫線と網かけの設定] をクリッ

クします。

③[線種とページ罫線と網かけの設定] ダイアログボックスの [網かけ] タブをクリックし、[設定対象] ボックスに「段落」と表示されていることを確認します。

④[網かけ] の [種類] ボックスの∨をクリックして [12.5%] をクリックし、[OK] をクリックします。

3.

①「【内容】」の行を行単位で選択し、[ホーム] タブの⊞▾[罫線] ボタンの▼をクリックして [線種とページ罫線と網かけの設定] をクリックします。

②[線種とページ罫線と網かけの設定] ダイアログボックスの [網かけ] タブをクリックし、[設定対象] ボックスに「段落」と表示されていることを確認します。

③[網かけ] の [種類] ボックスの∨をクリックして [10%] をクリックし、[OK] をクリックします。

④「【主なコメント】」の行を行単位で選択してF4キーを押します。

⑤手順④と同様の操作で「【検討事項】」、「【決定事項】」、「【次回の予定】」の行に10%の網かけを設定します。

4.

①2 ～ 11行目を行単位で選択し、[ホーム] タブの [段落] グループの右下の🖵 [段落の設定] ボタンをクリックします。

②[段落] ダイアログボックスの [インデントと行間隔] タブの [タブ設定] をクリックします。

③[タブとリーダー] ダイアログボックスの [タブ位置] ボックスに「7字」と入力します。

④[配置] の [左揃え] が選択されているのを確認して [設定] をクリックし、[OK] をクリックします。

5.

①13行目、16行目、22行目を行単位で選択し、[ホーム] タブの≣▾ [段落番号] ボタンの▼をクリックして [1.2.3.] の形式の段落番号をクリックします。

6.

①14 ～ 15行目、17 ～ 21行目、23 ～ 24行目を行単位で複数選択し、[ホーム] タブの≣ [インデントを増やす] ボタンを1回クリックします。

②[ホーム] タブの≣▾ [箇条書き] ボタンの▼をクリックして、[✓] の行頭文字をクリックします。

基礎問題 29 社内報（けんぽ便り）

1.

①[レイアウト] タブの🔲 [余白] ボタンをクリックし、[やや狭い] をクリックします。

2.

①1行目を行単位で選択し、[ホーム] タブの游明朝 (本文○∨ [フォント] ボックスの▼をクリックして [Arial Black] をクリックします。

②[ホーム] タブの 10.5 ∨ [フォントサイズ] ボックスの▼をクリックして [48] をクリックします。

③「Vol.」をドラッグして選択し、10.5 ∨ [フォントサイズ] ボックスの▼をクリックして [22] をクリックします。

3.

①1行目の「K」を選択し、[ホーム] タブの🅰▾ [フォントの色] ボタンの▼をクリックして [オレンジ、アクセント2、黒＋基本色25%] をクリックします。

②1行目の「P」を選択し、[ホーム] タブの🅰▾ [フォントの色] ボタンの▼をクリックして [緑、アクセント6、黒＋基本色25%] をクリックします。

③1行目の「N」を選択し、[ホーム] タブの🅰▾ [フォントの色] ボタンの▼をクリックして [青、アクセント5、黒＋基本色25%] をクリックします。

④1行目の「W」を選択し、[ホーム] タブの🅰▾ [フォントの色] ボタンの▼をクリックして [ゴールド、アクセント4、黒＋基本色25%] をクリックします。

4.

①2行目以降のすべての行を選択し、游明朝 (本文○∨ [フォント] ボックスの▼をクリックして [HG丸ゴシックM-PRO] をクリックします。

5.

①「紫外線対策　自己診断チェック」の行の先頭にカーソルを移動し、[挿入] タブの╠ページ区切り [ページ区切り] ボタンをクリックします。

6.

①1ページ目の6行目を行単位で選択し、[ホーム] タブの ▦▾ [罫線] ボタンの▼をクリックして [下罫線] をクリックします。

7.

①2ページ目の8行目を行単位で選択し、 ≡ [右揃え] ボタンをクリックします。

②[ホーム] タブの ▦▾ [罫線] ボタンの▼をクリックして [下罫線] をクリックします。

8.

①1ページ目の8行目（「温泉の効能」）から最終行までを選択し、[レイアウト] タブの ▤ [段組み] ボタンをクリックして [2段] をクリックします。

9.

①2ページ目の10行目（「紫外線対策を忘れずに！」）から最終行までを選択し、[レイアウト] タブの ▤ [段組み] ボタンをクリックして [2段] をクリックします。

10.

①1ページ目の8行目を行単位で選択し、[フォントサイズ] ボックスの▼をクリックして [14] をクリックします。

②[ホーム] タブの B [太字] ボタンをクリックします。

③[ホーム] タブの ▤▾ [箇条書き] ボタンの▼をクリックして [新しい行頭文字の定義] をクリックします。

④[新しい行頭文字の定義]ダイアログボックスの[記号] ボタンをクリックします。

⑤[記号と特殊文字] ダイアログボックスの [フォント] が [Wingdings] になっているのを確認し、[➚] をクリックして [OK] をクリックします。

⑥[新しい行頭文字の定義] ダイアログボックスの [OK] をクリックします。

> この例で使用しているのと同じ記号がない場合は、任意の記号を指定してください。

⑦[ホーム]タブの[スタイル]グループの▽ [その他] ボタンをクリックして [スタイルの作成] をクリックします。

⑧[書式から新しいスタイルを作成] ダイアログボックスの [名前] ボックスに「KENPONEWS項目」

と入力して、[OK] をクリックします。

11.

①1ページ目の「効果的な温泉の入り方」の行を行単位で選択し、[ホーム] タブの [スタイル] グループの▽ [その他] ボタンをクリックして [KENPONEWS項目] をクリックします。

②手順①と同様の操作で、「家族で楽しめる温泉」の行、2ページ目の「紫外線対策　自己診断チェック」の行、「紫外線対策を忘れずに！」の行、「水分補給について」の行、「日帰り人間ドックご利用案内」の行、「編集後記」の行にもスタイル [KENPONEWS項目] を設定します。

12.

①1ページ目の「温泉の効能」の行を行単位で選択し、[ホーム] タブの ▦▾ [罫線] ボタンの▼をクリックして [線種とページ罫線と網かけの設定] をクリックします。

②[線種とページ罫線と網かけの設定] ダイアログボックスの [網かけ] タブをクリックし、[設定対象] ボックスに「段落」と表示されていることを確認します。

③[網かけ] の [背景の色] ボックスの▽をクリックして [ゴールド、アクセント4、白＋基本色60%] をクリックし、[OK] をクリックします。

④同様の操作で「効果的な温泉の入り方」の行に [青、アクセント5、白＋基本色60%]、「家族で楽しめる温泉」の行に [オレンジ、アクセント2、白＋基本色60%]、「紫外線対策　自己診断チェック」の行に [灰色、アクセント3、白＋基本色60%]、「紫外線対策を忘れずに！」の行に [緑、アクセント6、白＋基本色60%]、「水分補給について」の行に [ゴールド、アクセント4、白＋基本色60%]、「日帰り人間ドックご利用案内」の行に [青、アクセント5、白＋基本色60%]、「編集後記」の行に [オレンジ、アクセント2、白＋基本色60%] を設定します。

13.

①1ページ目の「効果的な温泉の入り方」の説明文の最後にカーソルを移動します。

②[挿入] タブの ▦ [画像] ボタンをクリックし、画像「温泉」をクリックして [挿入] をクリックします。

③[図ツール] の [書式] タブの ▦ 文字列の折り返し▾ [文

字列の折り返し] ボタンをクリックして [四角形] をクリックします。

④完成例を参考に、画像の四隅のハンドルをポイントして両矢印になったときにドラッグして大きさを縮小し、任意の位置までドラッグして移動します。

⑤[図ツール] の [書式] タブの [図のスタイル] グループの ▽ [その他] ボタンをクリックして [シンプルな枠、白] をクリックします。

14.

①2ページ目の「紫外線対策を忘れずに」の説明文の最後にカーソルを移動します。

②[挿入] タブの [画像] ボタンをクリックし、画像 [ゴルフ] をクリックして [挿入] をクリックします。

③[図ツール] の [書式] タブの [文字列の折り返し] [文字列の折り返し] ボタンをクリックして [四角形] をクリックします。

④完成例を参考に、画像の四隅のハンドルをポイントして両矢印になったときにドラッグして大きさを縮小し、任意の位置までドラッグして移動します。

⑤[図ツール] の [書式] タブの [図のスタイル] グループの ▽ [その他] ボタンをクリックして [シンプルな枠、白] をクリックします。

応用 問題 30 報告（業務日報）

1. 回覧のための押印欄を作成します。

①[挿入] タブの [表] ボタンをクリックし、「表（2行×3列）」と表示されるまでマス目上をドラッグします。

②表の1行目に項目名（部長、課長、担当者）を入力します。

③表の1行目を選択し、[表ツール] の [レイアウト] タブの [中央揃え] ボタンをクリックします。

④[ホーム] タブの 游明朝 (本文(∨ [フォント] ボックスの▼をクリックし、[游ゴシック] をクリックします。

⑤[表ツール] の [デザイン] タブの [塗りつぶし] ボタンをクリックし、[テーマの色] の [白、背景1、黒+基本色15%]（上から3行目の左端）をクリックします。

⑥表全体を範囲選択し、[表ツール] の [レイアウト] タブの 幅: 37.5 mm ↕ [幅] ボックスを [20mm] に設定します。

⑦表の2行目を選択し、[表ツール] の [レイアウト] タブの 高さ: 6.4 mm ↕ [高さ] ボックスを [15mm] に設定します。

⑧表全体を範囲選択し、[ホーム] タブの [右揃え] ボタンをクリックします。

2. 文書のタイトルを入力します。

①「業　務　日　報」と入力します。

3. 書式を設定します。

①タイトル「業　務　日　報」を文字単位で選択し、[ホーム] タブの 游明朝 (本文(∨ [フォント] ボックスの▼をクリックして [游ゴシック] をクリックします。

②[ホーム] タブの 10.5 ∨ [フォントサイズ] ボックスの▼をクリックし、[20] をクリックします。

③[ホーム] タブの [中央揃え] ボタンをクリックします。

④[ホーム] タブの B [太字] ボタンをクリックします。

4. 所属、氏名、作業日、本日の計画を記入する欄を作成します。

①タイトルの次の行にカーソルを移動し、[挿入] タブの [表] ボタンをクリックして「表（2行×6列）」と表示されるまでマス目上をドラッグします。

②表の1行目の1列目に「所属」、3列目に「氏名」、5列目に「作業日」、2行目の1列目に「本日の計画」と入力します。

③Ctrlキーを押しながら表の「所属」、「氏名」、「作業日」、「本日の計画」のセルを複数選択し、[ホーム] タブの 游明朝 (本文(∨ [フォント] ボックスの▼をクリックして [游ゴシック] をクリックします。

④[ホーム] タブの B [太字] ボタンをクリックします。

⑤[表ツール] の [デザイン] タブの [塗りつぶし] ボタンをクリックし、[テーマの色] の [白、背景1、黒+基本色15%]（上から3行目の左端）をクリックします。

⑥[ホーム] タブの [中央揃え] ボタンをクリックします。

⑦表の2行目の左から2～6列目のセルを複数選択し、[表ツール] の [レイアウト] タブの [セルの結合] ボタンをクリックします。

5. 1日の業務内容を入力する表を作成します。

①設問**4.**で作成した表の下の2行下にカーソルを移動し、**[挿入]**タブの 🔲 **[表]**ボタンをクリックして、**[表の挿入]**をクリックします。

②**[表の挿入]**ダイアログボックスの**[列数]**ボックスに「4」、**[行数]**ボックスに「9」と入力し、**[OK]**をクリックします。

③表の1行目に項目名（時間、訪問先、業務内容、成果・備考）を入力します。

④表の8行目の1列目に「問題点・反省点」、9行目の1列目に「所属長コメント」と入力します。

⑤表の1行目を行単位で選択し、**[表ツール]**の**[デザイン]**タブの 🔲 **[塗りつぶし]**ボタンをクリックして**[テーマの色]**の**[白、背景1、黒＋基本色15%]**（上から3行目の左端）をクリックします。

⑥**[ホーム]**タブの 游明朝(本文✓) **[フォント]**ボックスの▼をクリックして**[游ゴシック]**をクリックします。

⑦**[ホーム]**タブの **B** **[太字]**ボタンをクリックします。

⑧**[ホーム]**タブの ▤ **[中央揃え]**ボタンをクリックします。

⑨手順⑤〜⑦と同様の操作で、8行目の1列目の「問題点・反省点」、9行目の1列目の「所属長コメント」のセルにも**[白、背景1、黒＋基本色15%]**、**[游ゴシック]**、**[太字]**の書式を設定します。

⑩設問**4.**の手順⑦と同様の操作で、表の8行目の2〜4列目と、9行目の2〜4列目のセルを結合します。

6. 業務内容をまとめ、入力します。

①所属、氏名、作業日、本日の計画を入力します。

②業務内容は時系列で、時間、訪問先、業務内容、成果・備考を入力します。

③問題点・反省点を入力します。

7. 名前を付けて保存します。

①**[ファイル]**タブをクリックし**[名前を付けて保存]**をクリックして、**[参照]**をクリックします。

②**[名前を付けて保存]**ダイアログボックスで「問題30-2W」という名前で保存します。

8. 文書を最終版として保存します。

①**[ファイル]**タブをクリックし、**[情報]**をクリックします。

②**[文書の保護]**をクリックし、**[最終版にする]**を

クリックします。

③表示されるメッセージの**[OK]**をクリックします。

④文書が最終版として設定されたことを確認して、**[OK]**をクリックします。

応用 問題 31 連絡（福利厚生施設）

1. 文章を入力します。

①文書番号、発信日、宛先、発信者を入力します。

②文書のタイトルを入力します。

③主文を入力します（「下記の施設を〜お知らせいたします。」）。

④別記として施設名、利用期間、利用資格、申込方法、問い合わせ先を入力します。

2. ページ設定をします。

①**[レイアウト]**タブの**[ページ設定]**グループの 🔲 **[ページ設定]**ボタンをクリックします。

②**[ページ設定]**ダイアログボックスの**[用紙]**タブをクリックし、**[用紙サイズ]**ボックスの▽をクリックして**[B5]**をクリックします。

③**[余白]**タブをクリックし、**[上]**、**[下]**、**[左]**、**[右]**のボックスを**[20mm]**に設定します。

④**[文字数と行数]**タブをクリックして**[行数]**ボックスを**[36]**に設定し、**[OK]**をクリックします。

3. 書式を設定します。

①**[デザイン]**タブの**[ドキュメントの書式設定]**の ▽**[その他]**ボタンをクリックし、**[組み込み]**の**[中央揃え]**をクリックします。

②**[デザイン]**タブの 🔲 **[テーマ]**ボタンをクリックして**[フレーム]**をクリックします。

③文書番号、発信日、発信者を行単位で選択し、**[ホーム]**タブの ▤ **[右揃え]**ボタンをクリックします。

④タイトルを選択し、**[ホーム]**タブの**[スタイル]**グループの▽**[その他]**ボタンをクリックし**[表題]**をクリックします。

⑤**[ホーム]**タブの 10.5✓ **[フォントサイズ]**ボックスの▼をクリックし、**[22]**をクリックします。

⑥**[ホーム]**タブの A▾ **[文字の効果と体裁]**ボタンをクリックし、**[影]**をポイントして**[外側]**の**[オフセット（右下）]**（1行目の左端）をクリックします。

⑦「施設名」、「利用期間」、「利用資格」、「申込方法」を行単位で選択し、**[ホーム]**タブの 🔲 **[インデントを増やす]**ボタンを1回クリックします。

⑧[ホーム]タブの ☰▾[段落番号]ボタンの▼を
クリックし、[1.2.3.]の形式の段落番号をクリック
します。

⑨「施設名」を文字単位で選択し、[ホーム]タブの
☰[均等割り付け]ボタンをクリックします。

⑩[文字の均等割り付け]ダイアログボックスの[新
しい文字列の幅]ボックスを[4字]に設定し、[OK]
をクリックします。

⑪「〒」、「長野県北佐久郡」、「TEL」を行単位で選択
し、Altキーを押しながら水平ルーラーの左イン
デントマーカーをドラッグして、上の行の「軽井沢
高原リゾートビレッジ」と文字位置を揃えます。

4. 2ページ目を作成します。

①文末にカーソルを移動し、[挿入]タブの
🔲ページ区切り[ページ区切り]ボタンをクリック
します。

②2ページ目にカーソルが移動していることを確認
し、[レイアウト]タブの[ページ設定]グループ
の 🔲[ページ設定]ボタンをクリックします。

③[ページ設定]ダイアログボックスの[余白]タブ
をクリックし、[印刷の向き]の[横]をクリック
します。

④[設定対象]ボックスの▾をクリックして[これ
以降]をクリックし、[OK]をクリックします。

⑤[挿入]タブの🔲▾[オブジェクト]ボタンの▼
をクリックし、[テキストをファイルから挿入]を
クリックします。

⑥[ファイルの挿入]ダイアログボックスでファイル
「軽井沢高原リゾートビレッジ」をクリックし、[挿
入]をクリックします。

⑦2ページ目にカーソルが表示されていることを確
認し、[デザイン]タブの 🔲[ページ罫線]ボタ
ンをクリックします。

⑧[線種とページ罫線と網かけの設定]ダイアログ
ボックスの[ページ罫線]タブの[絵柄]ボックス
の▾をクリックし、任意の絵柄をクリックします。

あまり太い絵柄を選択すると、文字と重なってしま
います。完成例は絵柄のリストで上から8つ目の絵
柄を設定し、線の太さを20ポイントにしています。

⑨[設定対象]ボックスの▾をクリックし、[このセ
クション]をクリックして、[OK]をクリックし
ます。

応用問題 32 稟議書（プロジェクター購入）

1. 文章を入力します。

①問題文のとおり「件名」、「決済区分」、「起案者」、
「起案責任者」、「連絡先」、「決算希望日」の欄に文
字を入力します。

稟議書の基本項目は抜け漏れなく正確に記入しま
しょう。

②入力例を参考に、問題文に記載されている稟議内
容を箇条書きで整理して入力します。

問題文の最後の補足説明のとおり、物品の購入を
依頼する稟議書では、内容として、品名、数量、
価格（単価や総額）、購入理由、メーカーや機種の
選定理由、効果試算などを盛り込みます。多くの
場合、1枚の稟議書では説明しきれないので、詳細
資料は別紙として添付し、稟議書内には結論だけ
簡潔に書くか、添付○○参照とします。合議先や
最終決済者が判断するために必要な情報を抜け漏
れなく示しましょう。

③「合議先」の1列目の「　　長」を「総務部長」
に書き換えます。

④「合議先」の2列目の「　　長」を「経理部長」
に書き換えます。

⑤「決裁者」の「　　長」を「山田役員」に書き換
えます。

2. 書式を設定します。

①「内容」の4〜12行目を選択し、[ホーム]タブの[段
落]グループの右下の[段落の設定]ボタンをクリッ
クして表示される[段落]ダイアログボックスの
[インデントと行間隔]タブの[タブ設定]をクリッ
クします。

②[タブとリーダー]ダイアログボックスの[タブ位
置]ボックスに「6字」と入力します。

③[配置]の[左揃え]が選択されているのを確認し、
[設定]をクリックして[OK]をクリックします。

3. 合議先の不要な捺印欄に斜線を入れます。

①「合議先」に用意されている捺印欄のうち、今回は
使用しない3.〜7.のセルを選択し、[ホーム]タ
ブの🔲▾[罫線]ボタンの▼をクリックして[斜
め罫線（右上がり）]をクリックします。

応用 問題 33 議事録（フェア企画会議）

1. 文章を入力します。

①問題文のとおり「会議名」、「議題」、「日時」、「場所」、「出席者」、「司会」、「記録」の欄に文字を入力します。

②「内容」の下の行に書いてある「会議の内容を簡潔に整理して記載しましょう。」という注意書きの次の行にカーソルを移動して、会議内容を箇条書きで整理して入力します。

③入力し終わったら「会議の内容を簡潔に整理して記載しましょう。」という注意書きを削除しましょう。

④同様の操作で「主なコメント」、「検討事項」、「決定事項」、「次回の予定」を入力します。

> 会議内容は、配布資料を見ればわかることまで細かく記載しなくても構いません。例えば、ここでは島田課長が「今年度新春フェア資料」を配布して、その内容を一通り説明していますが、議事録には「今年度新春フェア資料に基づく概要説明」とだけ記載して、その後に話題に出た今年度の問題点を整理して記載しています。その場で出た意見として重要なものは、主なコメント欄に書きましょう。誰が言ったか、書かなくてよい場合もありますが、どこから出た意見なのかを明記したい場合は、部門名や氏名を書くとよいでしょう。

2. 書式を設定します。

①「内容」の「今年度新春フェア開催状況（島田課長）」の行と「今年度新春フェア企画概要（今井部員）」の行を行単位で選択し、[ホーム] タブの ☰▾ [段落番号] ボタンの▼をクリックして [1.2.3.] の形式の段落番号をクリックします。

②「内容」の2 〜 6行目と8 〜 11行目を行単位で選択して [ホーム] タブの ☲ [インデントを増やす] ボタンをクリックします。

③「内容」の4 〜 6行目と10 〜 11行目を行単位で選択し、[ホーム] タブの ☰▾ [箇条書き] ボタンの▼をクリックして [●] をクリックします。

④「決定事項」の2 〜 3行目を行単位で選択して、[ホーム] タブの ☲ [インデントを増やす] ボタンをクリックします。

⑤[ホーム] タブの ☰▾ [箇条書き] ボタンの▼をクリックして [●] をクリックします。

応用 問題 34 報告（市場調査結果）

1. 文章を入力します。

①文書のタイトルを入力します。

②日付、調査報告者を入力します。

③問題文を参考に、調査概要を入力します。

④アンケート項目1の質問、選択肢、結果コメントを入力します。

⑤アンケート項目2の質問、選択肢、結果コメントを入力します。

⑥補足情報を入力します。

2. 書式を設定します。

①[レイアウト] タブの 🔲 [余白] ボタンをクリックし、[やや狭い] をクリックします。

②すべての行を選択して、[ホーム]タブの[フォント]グループの右下の 🗔 [フォント] ボタンをクリックします。

③[フォント] ダイアログボックスの [フォント] タブの [日本語用のフォント] の▽をクリックして [HG丸ゴシックM-PRO] を選択し、[英数字用のフォント] の▽をクリックして [Arial] を選択して、[OK] をクリックします。

④[ホーム] タブの [段落] グループの右下の 🗔 [段落の設定] ボタンをクリックします。

⑤[段落] ダイアログボックスの [インデントと行間隔]タブの[行間]ボックスの▽をクリックして[倍数] をクリックし、[間隔] ボックスに「1.1」と入力します。

⑥[1ページの行数を指定時に文字を行グリッド線に合わせる] のチェックを外して [OK] をクリックします。

⑦1 〜 2行目を行単位で選択し、[ホーム] タブの 10.5▽ [フォントサイズ] ボックスの▼をクリックして [16] をクリックします。

⑧[ホーム] タブの ☰ [中央揃え] ボタンをクリックします。

⑨[ホーム] タブの B [太字] ボタンをクリックします。

⑩3 〜 4行目を行単位で選択して、[ホーム] タブの ☰ [右揃え] ボタンをクリックします。

⑪「調査概要」、「アンケート結果」、「補足情報」の行を選択し、[ホーム] タブの 🔲▾ [罫線] ボタンの▼をクリックして [線種とページ罫線と網かけの設定] をクリックします。

⑫[線種とページ罫線と網かけの設定] ダイアログ

ボックスの [網かけ] タブをクリックし、[設定対象] ボックスに「段落」と表示されていることを確認します。

⑬ [網かけ] の [種類] ボックスの∨をクリックして [10%] をクリックし、[OK] をクリックします。

⑭ [ホーム] タブの 10.5 ∨ [フォントサイズ] ボックスの▼をクリックして [12] をクリックします。

⑮ [ホーム] タブの B [太字] ボタンをクリックします。

⑯ 「項目1 ～（複数回答可）」を選択して [ホーム] タブの B [太字] ボタンをクリックします。

⑰ 「項目2 ～（複数回答可）」を選択して [ホーム] タブの B [太字] ボタンをクリックします。

⑱ アンケート項目1の結果に対するコメント「日本茶が～68.8%」を行単位で選択して [ホーム] タブの [罫線] ボタンの▼をクリックし、[線種とページ罫線と網かけの設定] をクリックします。

⑲ [線種とページ罫線と網かけの設定] ダイアログボックスの [網かけ] タブをクリックし、[設定対象] ボックスに「段落」と表示されていることを確認します。

⑳ [網かけ] の [背景の色] をクリックして [ゴールド、アクセント4、白＋基本色80%] をクリックし、[OK] をクリックします。

㉑ アンケート項目2の結果に対するコメント「最も多かったのは～健康志向が強い。」を選択してF4キーを押します。

3. Excelのグラフを貼り付けます。

① Excelを起動し、[他のブックを開く] をクリックします。

② [参照] をクリックします。

③ [ファイルを開く] ダイアログボックスでファイル「市場調査」をクリックし、[開く] をクリックします。

④ [アンケート項目1] シートのグラフをクリックして選択します。

⑤ [ホーム] タブの [コピー] ボタンをクリックします。

⑥ タスクバーの [文書1-Word] をクリックします。

⑦ 「項目1」の次の行にカーソルを移動し、[ホーム] タブの [貼り付け] ボタンの▼をクリックして、[図] をクリックします。

⑧ 挿入したグラフを選択し、[図ツール] の [書式] タブの 幅: 37.5 mm ↕ [幅] ボックスに「70mm」

と入力します。

⑨ [配置] グループの 文字列の折り返し ▼ [文字列の折り返し] ボタンをクリックして [四角形] をクリックします。

⑩ グラフの位置を調整します。文字の折り返しを適正にするために、適宜空行を入れます。

⑪ 手順④～⑩と同様の操作で、[アンケート項目2] シートのグラフをWordに貼り付けます。

4. フッターに社外秘であることを明記します。

① [挿入] タブの [ヘッダーとフッター] グループの [フッター] ボタンをクリックして [フッターの編集] をクリックします。

② フッターに「社外秘　Internal Use Only」と入力します。

③ 入力した文字をすべて選択して、[ホーム] タブの [フォント] グループの右下の [フォント] ボタンをクリックします。

④ [フォント] ダイアログボックスの [フォント] タブの [日本語用のフォント] の∨をクリックして [HG丸ゴシックM-PRO] を選択し、[英数字用のフォント] の∨をクリックして [Arial] を選択して、[OK] をクリックします。

⑤ [ホーム] タブの [中央揃え] ボタンをクリックします。

⑥ フッターの外をダブルクリックして、フッターの編集を終了します。

応用 問題 35　通達（就業規則の一部改定）

1. 変更履歴の記録を解除します。

① [校閲] タブの [変更履歴の記録] ボタンがオンになっていることを確認し、ボタンの上の部分をクリックして、オフにします。

2. 変更履歴ウィンドウを利用して、校閲個所の確認をします。

① [校閲] タブの [変更履歴] ウィンドウ ▼ [変更履歴ウィンドウ] ボタンの▼をクリックし、[縦長の [変更履歴] ウィンドウを表示] をクリックします。

② 変更が行われていることを確認します。

③ [変更履歴] ウィンドウの ✕ 閉じるボタンをクリックします。

3. 変更履歴を承諾します。

① [校閲] タブの [承諾] ボタンの▼をクリックし、

[すべての変更を反映] をクリックします。

4. コメントが挿入されている部分について編集します。

①17 〜 18行目の「また〜してはならない。」を文字単位で選択し、[**ホーム**] タブの A・ [**フォントの色**] ボタンの▼をクリックして、[**標準の色**] の [**赤**]（左から2列目）をクリックします。

②20行目の「3月20日〜」を「4月1日〜」と編集します。

5. 挿入されたコメントをすべて削除します。

①[**校閲**] タブの [**削除**] ボタンの▼をクリックし、[**ドキュメント内のすべてのコメントを削除**] をクリックします。

6. 名前を付けて保存します。

①[**ファイル**]タブをクリックし、[**名前を付けて保存**] をクリックして、[**参照**] をクリックします。

②[**名前を付けて保存**] ダイアログボックスで「問題35-2W」という名前で保存します。

7. 文書を最終版として保存します。

①[**ファイル**] タブをクリックし、[**情報**] をクリックします。

②[**文書の保護**] をクリックし、[**最終版にする**] をクリックします。

③表示されるメッセージの [**OK**] をクリックします。

④文書が最終版として設定されたことを確認して、[**OK**] をクリックします。

> 文書が最終版に設定されると、入力や編集のためのコマンドが無効になり、文書が読み取り専用になります。また、最終版のファイルは閲覧モードで開きます。

第**4**章
【社内外】企画・提案

基礎問題 **36** 企画（スポットオフィス設置）

1.

①[**レイアウト**] タブの [**余白**] ボタンをクリックし、[**やや狭い**] をクリックします。

2.

①すべての行を選択し、[**ホーム**] タブの 游明朝 (本文c✓ [**フォント**] ボックスの▼をクリックして [**游ゴシック**] をクリックします。

②[**ホーム**] タブの 10.5✓ [**フォントサイズ**] ボックスの▼をクリックして [**11**] をクリックします。

3.

①すべての行を選択し、[**ホーム**] タブの [**段落**] グループの右下の ⏷ [**段落の設定**] ボタンをクリックします。

②[**段落**] ダイアログボックスの [**インデントと行間隔**] タブの [**1ページの行数を指定時に文字を行グリッド線に合わせる**] のチェックを外して [**OK**] をクリックします。

4.

①2行目を行単位で選択し、[**ホーム**] タブの ≡ [**中央揃え**] ボタンをクリックします。

②[**ホーム**] タブの 10.5✓ [**フォントサイズ**] ボックスの▼をクリックして [**18**] をクリックします。

③[**ホーム**] タブの B [**太字**] ボタンをクリックします。

④[**ホーム**] タブの ⊞・ [**罫線**] ボタンの▼をクリックして [**線種とページ罫線と網かけの設定**] をクリックします。

⑤[**線種とページ罫線と網かけの設定**] ダイアログボックスの [**網かけ**] タブをクリックして [**設定対象**] ボックスに「段落」と表示されていることを確認します。

⑥[**網かけ**] の [**背景の色**] ボックスの✓をクリックして [**オレンジ、アクセント2、白＋基本色60%**] をクリックし、[**OK**] をクリックします。

5.

①1行目と3行目を行単位で選択し、[**ホーム**] タブ

の ≣ **[右揃え]** ボタンをクリックします。

6.

①4行目（「目的」）を行単位で選択し、**[ホーム]** タブの **B** **[太字]** ボタンをクリックします。

②**[ホーム]** タブの ≣▾ **[段落番号]** ボタンの▼をクリックして **[1.2.3.]** の形式の段落番号をクリックし、「1. 目的」になったのを確認します。

> 段落番号を設定したときに1以外の数字になった場合は、それより前の行に同じ書式の行があって自動的に降られています。1から開始したい場合は、行のなかで右ボタンクリックして **[1から再開]** をクリックします。前の番号に続けて降りたい場合は、**[自動的に番号を振る]** をクリックします。

③**[ホーム]** タブの 🖌 書式のコピー/貼り付け **[書式のコピー/貼り付け]** ボタンをダブルクリックします。

④8行目（「設置場所」）をクリックして、太字の「2. 設置場所」になったのを確認します。

⑤11行目（「選定理由」）をクリックして、太字の「3. 選定理由」になったのを確認します。

⑥17行目（「スケジュール」）をクリックして、太字の「4. スケジュール」になったのを確認します。

⑦21行目（「役割分担」）をクリックして、太字の「5. 役割分担」になったのを確認します。

⑧Escキーを押します。

> メニューボタンをダブルクリックすると、機能が固定されてEscキーを押すまで連続して使用できます。複数個所に同じ操作をしたいときに便利です。

7.

①22～26行目を行単位で選択し、**[ホーム]** タブの **[段落]** グループの右下の ⤓ **[段落の設定]** ボタンをクリックします。

②**[段落]** ダイアログボックスの **[インデントと行間隔]** タブの **[タブ設定]** をクリックします。

③**[タブとリーダー]** ダイアログボックスの **[タブ位置]** ボックスに「12字」と入力します。

④**[配置]** の **[左揃え]** が選択されているのを確認し、**[設定]** をクリックして **[OK]** をクリックします。

8.

①Excelを起動し、**[他のブックを開く]** をクリックします。

②**[参照]** をクリックします。

③**[ファイルを開く]** ダイアログボックスでファイル「アンケート結果」をクリックし、**[開く]** をクリックします。

④シート内にあるグラフを選択し、**[ホーム]** タブの 🖻▾ **[コピー]** ボタンをクリックします。

⑤タスクバーの **[文書1-Word]** をクリックします。

⑥11行目の最後にカーソルを移動して **[ホーム]** タブの 📋 **[貼り付け]** ボタンの▼をクリックし、**[貼り付けオプション]** の **[図]** をクリックします。

⑦挿入したグラフを選択し、**[図ツール]** の **[書式]** タブの 🔲 文字列の折り返し▾ **[文字列の折り返し]** ボタンをクリックして **[四角形]** をクリックします。

⑧**[図ツール]** の **[書式]** タブの 🔲 文字列の折り返し▾ **[文字列の折り返し]** ボタンをクリックして **[ページ上で位置を固定する]** をクリックします。

⑨完成例を参考に、位置や大きさを調整します。

9.

①PowerPointを起動し、**[他のプレゼンテーションを開く]** をクリックします。

②**[参照]** をクリックします。

③**[ファイルを開く]** ダイアログボックスでファイル「スポットオフィス設置スケジュール」をクリックし、**[開く]** をクリックします。

④スライド内にあるスケジュールの図の部分をすべて選択し、**[ホーム]** タブの 🖻▾ **[コピー]** ボタンをクリックします。

⑤タスクバーの **[文書1-Word]** をクリックします。

⑥19行目（空行）にカーソルを移動して、**[ホーム]** タブの 📋 **[貼り付け]** ボタンの▼をクリックして、**[貼り付けオプション]** の **[図]** をクリックします。

⑦完成例を参考に、位置や大きさを調整します。

基礎問題 **37** 提案（在宅勤務制度改定）

1.

①**[レイアウト]** タブの 📄 **[余白]** ボタンの▼をクリックして **[ユーザー設定の余白]** をクリックします。

②**[余白]** ダイアログボックスの **[上]**、**[下]** のボックスを **[15mm]**、**[右]**、**[左]** のボックスを **[20mm]** に設定して **[OK]** をクリックします。

2.

①すべての行を選択し、**[ホーム]** タブの 游明朝 (本文∨ **[フォント]** ボックスの▼をクリックして **[游ゴシック]** をクリックします。

②[ホーム]タブの 10.5 ▽[フォントサイズ]ボックスの▼をクリックして[11]をクリックします。

3.
①すべての行を選択し、[ホーム]タブの[段落]グループの右下の 🔲[段落の設定]ボタンをクリックします。
②[段落]ダイアログボックスの[インデントと行間隔]タブの[1ページの行数を指定時に文字を行グリッド線に合わせる]のチェックを外して[OK]をクリックします。

4.
①「無駄な工数の発生」の行の先頭にカーソルを移動して[挿入]タブの ⊢ページ区切り[ページ区切り]ボタンをクリックします。

5.
①1ページ目の2行目を行単位で選択し、[ホーム]タブの ☰[中央揃え]ボタンをクリックします。
②[ホーム]タブの 10.5 ▽[フォントサイズ]ボックスの▼をクリックして[18]をクリックします。
③[ホーム]タブの B[太字]ボタンをクリックします。
④[ホーム]タブの 🔲▼[罫線]ボタンの▼をクリックして[線種とページ罫線と網かけの設定]をクリックします。
⑤[線種とページ罫線と網かけの設定]ダイアログボックスの[罫線]タブの[設定対象]ボックスに「段落」と表示されていることを確認します。
⑥[種類]の[指定]をクリックし、[色]ボックスの▽をクリックして[オレンジ、アクセント2、黒＋基本色25%]をクリックします。
⑦[線の太さ]ボックスの▽をクリックして[3pt]をクリックします。
⑧[プレビュー]の上罫線と下罫線のボタンをクリックして[OK]をクリックします。

6.
①1ページ目の1行目と3行目を行単位で選択し、[ホーム]タブの ☰[右揃え]ボタンをクリックします。

7.
①1ページ目の5行目（「提案主旨」）を行単位で選択し、[ホーム]タブの 10.5 ▽[フォントサイズ]ボッ

クスの▼をクリックして[12]をクリックします。
②[ホーム]タブの B[太字]ボタンをクリックします。
③[ホーム]タブの 🔲▼[罫線]ボタンの▼をクリックして[線種とページ罫線と網かけの設定]をクリックします。
④[線種とページ罫線と網かけの設定]ダイアログボックスの[網かけ]タブをクリックし、[設定対象]ボックスに「段落」と表示されていることを確認します。
⑤[網かけ]の[背景の色]ボックスの▽をクリックして[オレンジ、アクセント2、白＋基本色80%]をクリックし、[OK]をクリックします。
⑥[ホーム]タブの ✔書式のコピー/貼り付け[書式のコピー/貼り付け]ボタンをダブルクリックします。
⑦「目的」、「現状の問題点」、「制度改定後の効果予測」、「管理特性・目標値」、「実現に向けた検討事項」の行をクリックし、同じ書式が設定されたことを確認します。
⑧Escキーを押します。

8.
①1ページ目の9～12行目を行単位で選択し、[ホーム]タブの[段落]グループの右下の 🔲[段落の設定]ボタンをクリックします。
②[段落]ダイアログボックスの[インデントと行間隔]タブの[タブ設定]をクリックします。
③[タブとリーダー]ダイアログボックスの[タブ位置]ボックスに「8字」と入力します。
④[配置]の[左揃え]が選択されているのを確認し、[設定]をクリックして[OK]をクリックします。

9.
①2ページ目の18～20行目を行単位で選択し、[ホーム]タブの[段落]グループの右下の 🔲[段落の設定]ボタンをクリックします。
②[段落]ダイアログボックスの[インデントと行間隔]タブの[タブ設定]をクリックします。
③[タブとリーダー]ダイアログボックスの[タブ位置]ボックスに「8字」と入力します。
④[配置]の[左揃え]が選択されているのを確認し、[設定]をクリックします。
⑤[タブ位置]ボックスに「25字」と入力します。
⑥[配置]の[左揃え]が選択されているのを確認し、[設定]をクリックして[OK]をクリックします。

10.

①1ページ目の「人材の流出」の行を行単位で選択します。

②[ホーム] タブの ≣▼ [段落番号] ボタンの▼をクリックして [1.2.3.] の形式の段落番号をクリックし、「1. 人材の流出」になったのを確認します。

③[ホーム] タブの B [太字] ボタンをクリックします。

④[ホーム] タブの ✒書式のコピー/貼り付け [書式のコピー/貼り付け] ボタンをダブルクリックします。

⑤2ページ目の1行目「無駄な工数の発生」の行をクリックして、太字の「2. 無駄な工数の発生」になったのを確認します。

⑥「コミュニケーション活性化の工夫」の行をクリックして、太字の「3. コミュニケーション活性化の工夫」になったのを確認します。

⑦2ページ目の26行目「「いつでもどこでも」を実現するICT技術」の行をクリックして、太字の「4. 「いつでもどこでも」を実現するICT技術」になったのを確認します。

⑧Escキーを押します。

⑨「3. コミュニケーション活性化の工夫」の行を右クリックして [1から再開] をクリックし、「1. コミュニケーション活性化の工夫」になったのを確認します。

⑩「4. 「いつでもどこでも」を実現するICT技術」が、「2. 「いつでもどこでも」を実現するICT技術」になったのを確認します。

11.

①1ページ目の21 ～ 23行目を行単位で選択し、[ホーム] タブの ≣▼ [箇条書き] ボタンの▼をクリックして [●] をクリックします。

②手順①と同様の操作で、2ページ目の3 ～ 6行目にも箇条書きを設定します。

12.

①Excelを起動し、[他のブックを開く] をクリックします。

②[参照] をクリックします。

③[ファイルを開く] ダイアログボックスでファイル「グラフ」をクリックし、[開く] をクリックします。

④グラフ-1を選択し、[ホーム] タブの 📋▼ [コピー] ボタンをクリックします。

⑤タスクバーの [文書1-Word] をクリックします。

⑥1ページ目の25行目にカーソルを移動して、[ホーム] タブの 📋 [貼り付け] ボタンの▼をクリックして、[貼り付けオプション] の [図] をクリックします。

⑦完成例を参考に、大きさを調整します。

⑧全角スペースを1文字入力します。

⑨ファイル「グラフ」内のグラフ-2を選択し、[ホーム] タブの 📋▼ [コピー] ボタンをクリックします。

⑩タスクバーの [文書1-Word] をクリックします。

⑪手順⑧で挿入した全角スペースの後にカーソルを移動して、[ホーム] タブの 📋 [貼り付け] ボタンの▼をクリックして、[貼り付けオプション] の [図] をクリックします。

⑫完成例を参考に、大きさを調整します。

⑬手順④～⑫と同様の操作で、2ページ目の8行目に、グラフ-3とグラフ-4を貼り付けます。

基礎問題 **38** 提案（システム導入）

1.

①[レイアウト] タブの 📄 [余白] ボタンの▼をクリックして、[ユーザー設定の余白] をクリックし、[余白] ダイアログボックスの [上] ボックスを [20mm]、[下] ボックスを [15mm]、[右]、[左] のボックスを [30mm] に設定して [OK] をクリックします。

2.

①す べ て の 行 を 選 択 し、[ホ ー ム] タ ブ の 游明朝 (本文◯ ⌄ [フォント] ボックスの▼をクリックして [游ゴシック] をクリックします。

②[ホーム] タブの 10.5 ⌄ [フォントサイズ] ボックスの▼をクリックして [11] をクリックします。

3.

①すべての行を選択し、[ホーム] タブの [段落] グループの右下の ⌐ [段落の設定] ボタンをクリックします。

②[段落] ダイアログボックスの [インデントと行間隔] タブの [1ページの行数を指定時に文字を行グリッド線に合わせる] のチェックを外して [OK] をクリックします。

4.

①「ご提案の主旨」の行の先頭にカーソルを移動して、[挿入] タブの ╦ページ区切り [ページ区切り] ボタンをクリックします。

5.

①1ページ目の1行目と3行目を行単位で選択し、[ホーム] タブの ≡ [右揃え] ボタンをクリックします。

6.

①1ページ目の5 〜 6行目を行単位で選択し、[ホーム] タブの ≡ [中央揃え] ボタンをクリックします。

②[ホーム] タブの 10.5 ∨ [フォントサイズ] ボックスの▼をクリックして [22] をクリックします。

③[ホーム] タブの B [太字] ボタンをクリックします。

④[ホーム] タブの ⊞▾ [罫線] ボタンの▼をクリックし、[線種とページ罫線と網かけの設定]をクリックします。

⑤[線種とページ罫線と網かけの設定] ダイアログボックスの[罫線]タブの[設定対象]ボックスに「段落」と表示されていることを確認します。

⑥[種類] の [囲む] をクリックし、[色] ボックスの ∨ をクリックして [青、アクセント1、黒＋基本色25％] をクリックします。

⑦[線の太さ] ボックスの ∨ をクリックして [6pt] をクリックし、[OK] をクリックします。

7.

①1ページ目の10 〜 14行目を行単位で選択し、[ホーム] タブの [段落] グループの右下の ⌐ [段落の設定] ボタンをクリックします。

②[段落] ダイアログボックスの [インデントと行間隔] タブの [最初の行] ボックスの ∨ をクリックし、[字下げ] をクリックします。

③[幅] ボックスに「1字」と表示されていることを確認し、[OK] をクリックします。

8.

①1ページ目の19 〜 21行目を行単位で選択し、[ホーム] タブの [段落] グループの右下の ⌐ [段落の設定] ボタンをクリックします。

②[段落] ダイアログボックスの [インデントと行間隔] タブの [タブ設定] をクリックします。

③[タブとリーダー] ダイアログボックスの [タブ位置] ボックスに「30字」と入力します。

④[配置] の [左揃え] が選択されているのを確認し、[設定] をクリックして [OK] をクリックします。

9.

①2ページ目の1行目（「ご提案の主旨」）を行単位で選択し、[ホーム] タブの 10.5 ∨ [フォントサイズ] ボックスの▼をクリックして [16] をクリックします。

②[ホーム] タブの B [太字] ボタンをクリックします。

③[ホーム] タブの [フォントの色] ボタンの▼をクリックして [白、背景1] をクリックします。

④[ホーム] タブの ⊞▾ [罫線] ボタンの▼をクリックし、[線種とページ罫線と網かけの設定]をクリックします。

⑤[線種とページ罫線と網かけの設定] ダイアログボックスの [網かけ] タブをクリックして、[設定対象] ボックスに「段落」と表示されていることを確認します。

⑥[網かけ] の [背景の色] ボックスの ∨ をクリックして [青、アクセント1、黒＋基本色25％] をクリックし、[OK] をクリックします。

⑦[ホーム] タブの ❖書式のコピー/貼り付け [書式のコピー/貼り付け] ボタンをダブルクリックします。

⑧「現状の問題点（事前にお伺いした内容）」の行、「弊社がご提案する対策」の行、「効果予測」の行をクリックして、同じ書式になったのを確認します。

⑨Escキーを押して終了します。

10.

①2ページ目の3行目を行単位で選択し、[ホーム] タブの 10.5 ∨ [フォントサイズ] ボックスの▼をクリックして [16] をクリックします。

②[ホーム] タブの ≡ [中央揃え] ボタンをクリックします。

③[ホーム] タブの B [太字] ボタンをクリックします。

11.

①2ページ目の9行目「文書保管スペース増大」、10行目「サーバーの乱立」、12行目「情報のサイロ化」、14行目「情報検索が困難」を文字単位で選択し、[ホーム] タブの B [太字] ボタンをクリックします。

12.

①2ページ目の9 〜 14行目を行単位で選択し、[ホーム] タブの [段落] グループの右下の ⌐ [段落の設定] ボタンをクリックします。

②[段落] ダイアログボックスの [インデントと行間隔] タブの [タブ設定] をクリックします。

③[タブとリーダー] ダイアログボックスの [タブ位置] ボックスに「15字」と入力します。

④[配置] の [左揃え] が選択されているのを確認し、[設定] をクリックして [OK] をクリックします。

13.

①2ページ目の18行目「文書保管スペース低減」の行を行単位で選択し、[ホーム] タブの [B] [太字] ボタンをクリックします。

②[ホーム] タブの [段落番号] ボタンの▼をクリックして [1.2.3.] の形式の段落番号をクリックし、「1. 文書保管スペース低減」になったのを確認します。

③[ホーム] タブの [書式のコピー/貼り付け] [書式のコピー/貼り付け] ボタンをダブルクリックします。

④2ページ目の22行目「サーバー管理の最適化」の行をクリックして、太字の「2. サーバー管理の最適化」になったのを確認します。

⑤2ページ目の26行目「情報活用を強力にサポート」の行をクリックして、太字の「3. 情報活用を強力にサポート」になったのを確認します。

⑥Escキーを押します。

14.

①2ページ目の19 ～ 21行目を行単位で選択し、[ホーム] タブの [箇条書き] ボタンの▼をクリックして [●] をクリックします。

②[ホーム] タブの [インデントを増やす] ボタンをクリックします。

③[ホーム] タブの [書式のコピー/貼り付け] [書式のコピー/貼り付け] ボタンをダブルクリックします。

④2ページ目の23 ～ 25行目、27 ～ 29行目、36 ～ 38行目をクリックして、同じ書式が設定されたことを確認します。

⑤Escキーを押して終了します。

基礎問題 39 企画（新商品プロモーション）

1.

①[レイアウト] タブの [余白] ボタンの▼をクリックして、[ユーザー設定の余白] をクリックし、[余白] ダイアログボックスの [上] ボックスを [25mm]、[下] ボックスを [15mm]、[右]、[左] のボックスを [30mm] に設定して [OK] をクリッ

クします。

2.

①すべての行を選択し、[ホーム] タブの [フォント] グループの右下の [フォント] ボタンをクリックします。

②[フォント] ダイアログボックスの [フォント] タブの [日本語用のフォント] の[v]をクリックして [HG丸ゴシックM-PRO] を選択し、[英数字用のフォント] の[v]をクリックして [Arial] を選択して、[OK] をクリックします。

3.

①「企画の主旨」の行の先頭にカーソルを移動して、[挿入] タブの [ページ区切り] [ページ区切り] ボタンをクリックします。

②「活動スケジュール概要」の行の先頭にカーソルを移動して、[挿入] タブの [ページ区切り] [ページ区切り] ボタンをクリックします。

4.

①1ページ目の3 ～ 7行目を行単位で選択し、[ホーム] タブの [中央揃え] ボタンをクリックします。

②1ページ目の8 ～ 9行目を行単位で選択し、[ホーム] タブの [右揃え] ボタンをクリックします。

5.

①1ページ目の1 ～ 2行目と8 ～ 9行目を行単位で選択し、[ホーム] タブの [10.5][v] [フォントサイズ] ボックスの▼をクリックして [12] をクリックします。

②1ページ目の3 ～ 6行目を行単位で選択し、[ホーム] タブの [10.5][v] [フォントサイズ] ボックスの▼をクリックして [20] をクリックします。

6.

①1ページ目の1行目を行単位で選択し、[ホーム] タブの [段落] グループの右下の [段落の設定] ボタンをクリックします。

②[段落] ダイアログボックスの [インデントと行間隔] タブの [間隔] の [段落前] ボックスを [5行] にして、[OK] をクリックします。

③手順①～②と同様の操作で、3行目と8行目の [段落前] を5行、6行目の [段落前] を3行にします。

7.

①1ページ目の7行目にカーソルを移動して、[**挿入**] タブの [**画像**] ボタンをクリックし、[**図の挿入**] ダイアログボックスで画像ファイル「コンセプト」 を選択して [**挿入**] をクリックします。

8.

①2ページ目の1行目を行単位で選択し、[**ホーム**] タブの [**フォントサイズ**] ボックスの▼をクリッ クして [**12**] を選択します。

②[**ホーム**] タブの B [**太字**] ボタンをクリックし ます。

③[**ホーム**] タブの [**箇条書き**] ボタンの▼を クリックして [**新しい行頭文字の定義**] をクリッ クします。

④[**新しい行頭文字の定義**]ダイアログボックスの[**記 号**] をクリックして、[**記号と特殊文字**] ダイア ログボックスで [◆] を選択して [**OK**] をクリック します。

⑤[**新しい行頭文字の定義**] ダイアログボックスの[**文 字書式**] をクリックします。

⑥[**フォント**] ダイアログボックスの [**フォント**] タ ブの [**フォントの色**] ボックスの をクリックし て [**標準の色**] の [**薄い青**] を選択し、[**OK**] をクリッ クします。

⑦[**OK**] をクリックします。

⑧[**ホーム**] タブの 書式のコピー/貼り付け [**書式のコピー /貼り付け**] ボタンをダブルクリックします。

⑨2ページ目の5行目、12行目、15行目、18行目、 3ページ目の1行目、17行目、21行目をクリック して、書式が同じになったのを確認します。

⑩Escキーを押して終了します。

9.

①2ページ目の表の1列目を列単位で選択し、[**表ツー ル**] の [**デザイン**] タブの [**塗りつぶし**] ボタ ンの▼をクリックして、[**その他の色**] をクリック します。

②[**色の設定**] ダイアログボックスの [**ユーザー設定**] タブをクリックします。

③[**カラーモデル**] が [**RGB**] になっているのを確 認して [**赤**] に「231」、[**緑**] に「249」、[**青**] に「255」を設定し、[**OK**] をクリックします。

10.

①3ページ目の4〜9行目を行単位で選択し、[**ホー**

ム] タブの [**段落**] グループの右下の [**段落の 設定**] ボタンをクリックします。

②[**段落**] ダイアログボックスの [**インデントと行間 隔**] タブの [**タブ設定**] をクリックします。

③[**タブとリーダー**] ダイアログボックスの [**タブ位 置**] ボックスに「6字」と入力します。

④[**配置**] の [**左揃え**] が選択されているのを確認し、 [**設定**] をクリックして [**OK**] をクリックします。

11.

①3ページ目の最終行の「以上」を行単位で選択し、 [**ホーム**] タブの [**右揃え**] ボタンをクリック します。

12.

①[**デザイン**]タブの [**ページ罫線**]ボタンをクリッ クします。

②[**線種とページ罫線と網かけの設定**] ダイアログ ボックスの [**種類**] の [**囲む**] を選択し、[**線の太 さ**] ボックスの をクリックして [**2.25pt**] を 選択します。

③[**色**] ボックスの をクリックして [**標準の色**] の [**薄い青**] をクリックします。

④[**設定対象**] ボックスが [**文書全体**] になっている のを確認して、[**OK**] をクリックします。

13.

①[**ファイル**] タブの [**名前を付けて保存**] をクリッ クして [**参照**] をクリックします。

②[**名前を付けてファイルを保存**] ダイアログボック スで保存先を指定して、[**ファイル名**] ボックスに 「問題39-2W」と入力して [**保存**] をクリックし ます。

14.

①[**ファイル**] タブをクリックし、[**エクスポート**] をクリックします。

②[**PDF/XPSドキュメントの作成**] をクリックし、 [**PDF/XPSの作成**] をクリックします。

③[**PDFまたはXPS形式で発行**] ダイアログボック スで保存先を指定して、[**ファイル名**] ボックス に「ABCボトラーズ様向けスポーツ飲料プロモー ション企画書」と入力して [**発行**] をクリックし ます。

PDFファイルに変換した後で修正が必要になった場合は、もとのWordファイルを修正してPDFファイルを発行し直すのが一番ですが、PDFファイルをWordで開いて修正することもできます。その場合は、PDFファイルをWordで開く際にテキストが編集しやすいように最適化されるため、もとのPDFファイルとレイアウトが変わる場合があります。PDFファイルをWordで開く際に注意事項としてメッセージが表示されます。

応用問題 **40** 企画（新サービス開始）

1. 文章を入力します。

① 1行目に提出日（「提出日：20××年5月27日」）を入力します。

② 10行目に「移動式マッサージ店」、11行目に「「足楽屋」企画書」とタイトルを入力します。

③ 35行目に提出者を入力します。

④ Ctrl＋Enterキーを押して改ページを挿入します。

⑤「概要」～「以上」までを入力します。

⑥「予想効果」の行頭でCtrl＋Enterキーを押して改ページを挿入します。

2. ページ設定をします。

① [レイアウト] タブの [余白] ボタンの▼をクリックして、[ユーザー設定の余白] をクリックし、[余白] ダイアログボックスの [上] ボックスを [20mm]、[下] ボックスを [15mm]、[右]、[左] ボックスを [30mm] に設定して [OK] をクリックします。

3. 書式を設定します。

① [デザイン] タブの [ドキュメントの書式設定] の [その他] ボタンをクリックし、[組み込み] の [線（シンプル）] をクリックします。

② [デザイン] タブの [フォント] ボタンをクリックして [Calibri] をクリックします。

③ すべての行を選択し、[ホーム] タブの [段落] グループの右下の [段落の設定] ボタンをクリックします。

④ [段落] ダイアログボックスの [インデントと行間隔] タブの [段落前]、[段落後] のボックスを [0] に設定し、[行間] の▽をクリックして [1行] をクリックします。

⑤ [1ページの行数を指定時に文字を行グリッド線に合わせる] のチェックを外して [OK] をクリック

します。

⑥「概要」、「企画の背景」、「内容」、「予想効果」、「費用」、「添付資料」を行単位で選択し、[ホーム] タブの [スタイル] グループの [その他] ボタンをクリックして、[見出し1] をクリックします。

⑦「概要」を文字単位で選択し、[ホーム] タブの [均等割り付け] ボタンをクリックします。

⑧ [文字の均等割り付け] ダイアログボックスの [新しい文字列の幅] ボックスを [5字] に設定し、[OK] をクリックします。

⑨「概要」を文字単位で選択し、[ホーム] タブの [スタイル] グループの [その他] ボタンをクリックし、[見出し1] スタイルを右クリックしてショートカットメニューの [選択箇所と一致するように見出し1を更新する] をクリックします。

その他のスタイル [見出し1] を設定した箇所も「5字」の均等割り付けに更新されます。

⑩ 2ページ目の「内容」で入力した箇条書き項目の「近い～共同開発する）」までを行単位で選択し、[ホーム] タブの [段落] グループの右下の [段落の設定] ボタンをクリックします。

⑪ [段落] ダイアログボックスの [インデントと行間隔] タブの [タブ設定] をクリックします。

⑫ [タブとリーダー] ダイアログボックスの [タブ位置] に「8字」と入力します。

⑬ [配置] の [左揃え] が選択されているのを確認し、[設定] をクリックして [OK] をクリックします。

4. 表紙の書式設定をします。

① 提出日（「提出日：20××年5月27日」）、提出者（「企画部　園部亮太郎」）を行単位で選択し、[ホーム] タブの [右揃え] ボタンをクリックします。

② タイトルを選択し、[ホーム] タブの10.5▽ [フォントサイズ] ボックスの▼をクリックして [26] をクリックします。

③ [ホーム] タブの [中央揃え] ボタンをクリックします。

④ タイトルが選択されていることを確認し、[挿入] タブの [表] ボタンをクリックして [文字列を表にする] をクリックします。

⑤ [文字列を表にする] ダイアログボックスの [OK] をクリックします。

⑥ [デザイン] タブの [表のスタイル] グループの [その他] ボタンをクリックし、[グリッドテーブル] の [グリッド（表）4-アクセント5]（上か

ら4行目の右から2列目）をクリックします。

⑦「足楽屋」を文字単位で選択し、**[ホーム]** タブの 「ルビ」ボタンをクリックします。

⑧ **[ルビ]** ダイアログボックスの **[文字列全体]** をクリックし、**[ルビ]** ボックスに「あしらくや」と入力して **[OK]** をクリックします。

5. 脚注の設定をします。

①「企画の背景」で入力した文章の「アンケート調査の結果」の「調査」の右側にカーソルを移動し、**[参考資料]** タブの 「脚注の挿入」ボタンをクリックします。

②カーソルが脚注部分に移動したことを確認し、「4～5月にかけて各店舗来店客にアンケート用紙配布によって集計した。」と入力します。

③「内容」で入力した箇条書き項目の「料金は1分100円」の「円」の右側にカーソルを移動し、**[参考資料]** タブの 「脚注の挿入」ボタンをクリックします。

④カーソルが脚注部分に移動したことを確認し、「オープニングキャンペーン」と入力します。

> 文書末にまとめて脚注を表示したい場合は、**[文末脚注の挿入]** ボタンを使います。

6. 資料文献の設定をします。

①「企画の背景」で入力した文章の「統計も発表された。」の「。」の右側にカーソルを移動し、**[参考資料]** タブの 「引用文献の挿入」ボタンをクリックして **[新しい資料文献の追加]** をクリックします。

②**[資料文献の作成]** ダイアログボックスの **[資料文献の種類]** ボックスの をクリックし、**[新聞記事]** をクリックします。

③**[執筆者（組織/団体）]** をチェックして右側のボックスに「電光新聞」と入力し、**[タイトル]** ボックスに「ストレスは5月病とともに増大？」と入力します。

④**[月]** ボックスに「5」、**[日]** ボックスに「1」と入力し、**[OK]** をクリックします。

7. ページ番号の設定をします。

①表紙のページをクリックします。

②**[挿入]** タブの 「ページ番号」ボタンをクリックし、**[ページの下部]** をポイントして **[シンプル]** の **[番号のみ3]** をクリックします。

③挿入されたページ番号を右クリックし、ショート

カットメニューの **[ページ番号の書式設定]** をクリックします。

④**[ページ番号の書式]** ダイアログボックスの **[開始番号]** ボックスを **[0]** に設定し、**[OK]** をクリックします。

⑤**[ヘッダー/フッターツール]** の **[デザイン]** タブの **[先頭ページのみ別指定]** チェックボックスをオンにします。

⑥**[ヘッダー/フッターツール]** の **[デザイン]** タブの **[ヘッダーとフッターを閉じる]** ボタンをクリックします。

8. 表紙にページ罫線を挿入します。

①表紙のページにカーソルが表示されていることを確認し、**[デザイン]** タブの 「ページ罫線」ボタンをクリックします。

②**[線種とページ罫線と網かけの設定]** ダイアログボックスの **[ページ罫線]** タブの **[絵柄]** ボックスの をクリックし、任意の絵柄をクリックします。

③選択した絵柄によって、必要に応じて、**[線種とページ罫線と網かけの設定]** ダイアログボックスの **[ページ罫線]** タブの **[色]** ボックスの をクリックし、任意の色をクリックします。

④**[設定対象]** ボックスの をクリックして **[このセクション-1ページ目のみ]** をクリックし、**[OK]** をクリックします。

9. 透かしを入れます。

①**[デザイン]** タブの **[透かし]** の▼をクリックして、**[ユーザー設定の透かし]** をクリックします。

②**[透かし]** ダイアログボックスの **[テキスト]** をオンにして、**[テキスト]** ボックスに「社外秘　禁複写」と入力し、**[レイアウト]** の **[水平]** をオンにして、**[OK]** をクリックします。

応用問題 41 企画（販売促進イベント）

1. 文章を入力します。

①提出日、宛先、提出者、文書のタイトルを入力します。

②タイトルの下に企画内容（昨年秋に発売した～よろしくご検討のほどお願申し上げます。）を入力します。

③別記として、名称、会期、会場、企画意図、内容、効果、費用、添付資料を入力します。

2. 会場の日程表を作成します。

①「会場」の次の行にカーソルを移動し、**[挿入]** タブの ▦ **[表]** ボタンをクリックし、「表（3行×3列）」と表示されるまでマス目上をドラッグします。

②表の1行目に「3/3 〜 4　東京」、「3/5 〜 6　札幌」、「3/8 〜 9　仙台」、2行目に「3/10 〜 11　新潟」、「3/13 〜 15　名古屋」、「3/16 〜 17　大阪」、3行目に「3/19 〜 20　姫路」、「3/21 〜 22　高松」、「3/24 〜 25　福岡」と入力します。

3. ページ設定をします。

①**[レイアウト]** タブの **[ページ設定]** グループの右下の ▧ **[ページ設定]** ボタンをクリックします。

②**[ページ設定]** ダイアログボックスの ▯ **[余白]** ボタンタブをクリックし、**[上]**、**[下]**、**[左]**、**[右]** のボックスを **[20mm]** に設定し、**[OK]** をクリックします。

4. 書式を設定します。

①提出日、提出者、「以上」を行単位で選択し、**[ホーム]** タブの ▤ **[右揃え]** ボタンをクリックします。

②タイトルを選択し、**[ホーム]** タブの **[スタイル]** グループの ▽ **[その他]** ボタンをクリックして **[表題]** をクリックします。

③**[ホーム]** タブの U▾ **[下線]** ボタンをクリックします。

④**[ホーム]** タブの B **[太字]** ボタンをクリックします。

⑤タイトルの下の段落を行単位で選択し、**[ホーム]** タブの **[段落]** グループの右下の ▧ **[段落の設定]** ボタンをクリックします。

⑥**[段落]** ダイアログボックスの **[インデントと行間隔]** タブの **[最初の行]** ボックスの ▽ をクリックし、**[字下げ]** をクリックします。

⑦**[幅]** ボックスに「1字」と表示されていることを確認し、**[OK]** をクリックします。

⑧別記の「名称」、「会期」、「会場」、「企画意図」、「内容」、「効果」、「費用」、「添付資料」を行単位で選択し、**[ホーム]** タブの ▤▾ **[箇条書き]** ボタンの▼をクリックして **[●]** をクリックします。

⑨**[ホーム]** タブの 游明朝 (本文(▽ **[フォント]** ボックスの▼をクリックして **[游ゴシック]** をクリックします。

⑩**[ホーム]** タブの B **[太字]** ボタンをクリックします。

⑪「内容」の下の3行を行単位で選択し、**[ホーム]** タブの ▤▾ **[段落番号]** ボタンの▼をクリックしての **[1.2.3.]** の形式の段落番号をクリックします。

⑫「費用」の下の3行を行単位で選択し、**[ホーム]** タブの **[段落]** グループの右下の ▧ **[段落の設定]** ボタンをクリックします。

⑬**[段落]** ダイアログボックスの **[インデントと行間隔]** タブの **[タブ設定]** をクリックします。

⑭**[タブとリーダー]** ダイアログボックスの **[タブ位置]** ボックスに「25字」と入力し、**[配置]** の **[右揃え]** をクリックして **[リーダー]** の **[…… (5)]** をクリックします。

⑮**[設定]** をクリックして **[OK]** をクリックします。

⑯「費用」の下の3行を行単位で選択し、**[ホーム]** タブの ▤▾ **[段落番号]** ボタンの▼をクリックして **[1.2.3.]** の形式の段落番号をクリックします。

⑰「名称」、「会期」、「会場」、「企画意図」、「内容」、「効果」、「費用」、「添付資料」それぞれの下の全ての段落を行単位で選択し、**[ホーム]** タブの ▤ **[インデントを増やす]** ボタンを2回クリックします。

応用問題 42　提案（業務改善提案書）

> コンテンツコントロールを挿入するには **[開発]** タブが必要になります。**[ファイル]** タブをクリックし、**[オプション]** をクリックして、**[Wordのオプション]** ダイアログボックスの **[リボンのユーザー設定]** をクリックし、**[開発]** チェックボックスをオンにします。

1. ページ設定をします。

①**[レイアウト]** タブの ▯ **[余白]** ボタンの▼をクリックして、**[狭い]** をクリックします。

2. 文章を入力します。

①書式No.を入力します。

②空行を4行入力して、5行目に「業務改善提案書」と入力します。

③空行を2行入力します。

3. 書式を設定します。

①すべての行を選択し、**[ホーム]** タブの 游明朝 (本文(▽ **[フォント]** ボックスの▼をクリックして **[游ゴシック]** をクリックします。

②1行目の「書式No.0024」を文字単位で選択し、**[ホーム]** タブの **[囲み線]** をクリックします。

③2行目と4 〜 5行目を行単位で選択し、**[ホーム]**

タブの ≡ [右揃え] ボタンをクリックします。

④6行目のタイトルの行を選択し、[ホーム] タブの 10.5 ∨ [フォントサイズ] ボックスの▼をクリックして [18] をクリックします。

⑤[ホーム] タブの ≡ [中央揃え] ボタンをクリックします。

⑥[ホーム] タブの B [太字] ボタンをクリックします。

4. 「提出日」～「自分の名前」の各コンテンツコントロールを挿入します。

①2行目にカーソルを移動し、[開発] タブの ▦ [日付選択コンテンツコントロール] ボタンをクリックします。

②コンテンツコントロール内の「クリックまたはタップして日付を入力してください。」に「提出日を選択」と入力します。

③3行目にカーソルを移動し、[開発] タブの ▦ [ドロップダウンリストコンテンツコントロール] ボタンをクリックします。

④ドロップダウンリストコンテンツコントロールが選択されていることを確認し、[開発] タブの ▦ プロパティ [プロパティ] ボタンをクリックします。

⑤[コンテンツコントロールのプロパティ] ダイアログボックスの [ドロップダウンリストのプロパティ] ボックスの [アイテムを選択してください。] をクリックし、[削除] をクリックします。

⑥[追加] をクリックして、[選択肢の追加] ダイアログボックスの [表示名] ボックスに「営業部　部長」と入力し、[OK] をクリックします。

⑦手順⑥と同様の操作で「総務部　部長」、「マーケティング部　部長」、「企画部　部長」を追加し、[OK] をクリックします。

⑧4行目にカーソルを移動し、[開発] タブの ▦ [コンボボックスコンテンツコントロール] ボタンをクリックしてコンボボックスコンテンツコントロールを作成し、手順④～⑦と同様の操作で「営業部」、「総務部」、「マーケティング部」、「企画部」を選択肢に設定します。

⑨5行目にカーソルを移動し、[開発] タブの Aa [テキストコンテンツコントロール] ボタンをクリックします。

⑩「ここをクリックまたはタップしてテキストを入力してください。」に「名前を入力」と入力します。

⑪[開発] タブの ✎ デザインモード [デザインモード] ボタンをクリックして、3行目のコンボボックスコ

ンテンツコントロールの「アイテムを選択してください」を「所属長を選択」、4行目のンボボックスコンテンツコントロールの「アイテムを選択してください」を「所属を選択」に書き換えます。

⑫[開発] タブの ✎ デザインモード [デザインモード] ボタンをクリックして、デザインモードを終了します。

5. 表を作成します。

①7行目にカーソルを移動し、[挿入] タブの ▦ [表] ボタンをクリックして、「表（6行×2列）」と表示されるまでマス目上をドラッグします。

②表の1列目に項目名（テーマ、改善分類、現状の問題点、改善案、効果予測、備考）を入力し、2行目の2列目のセル「Quality品質　　Cost費用　Delivery納期」と入力します。

③表の1列目を選択し、[表ツール] の [レイアウト] タブの ⊞ 幅: 37.5 mm ⬍ [幅] ボックスを [30mm] に設定します。

④[表ツール] の [レイアウト] タブの ▤ [中央揃え] ボタンをクリックします。

⑤[表ツール] の [デザイン] タブの ▦ [塗りつぶし] ボタンをクリックし、[テーマの色] の [白、背景1、黒＋基本色5%] をクリックします。

⑥手順③と同様の操作で、表の2列目の列幅を [154mm] に設定します。

⑦表の3行目を行単位で選択し、[表ツール] の [レイアウト] タブの ▦ 高さ: 6.4 mm ⬍ [高さ] ボックスを [40mm] に設定します。

⑧手順⑦と同様の操作で、表の4行目を [60mm]、5行目を [40mm]、6行目を [15mm] に設定します。

⑨手順①と同様の操作で、表の2行下に1行2列の表を挿入します。

⑩表の1列目に「所属長記入欄」と入力します。

⑪手順③～⑥と同様の操作で、列幅と1列目の塗りつぶしの設定を1つ目の表と同じに設定します。

⑫手順⑦と同様の操作で、1行目の高さを [35mm] に設定します。

6. 「テーマ～備考」の各コンテンツコントロールを挿入します。

①1つ目の表の2列目の1行目にカーソルを移動し、[開発] タブの Aa [テキストコンテンツコントロール] ボタンをクリックします。

②手順①と同様の操作で、1つ目の表の2列目の3～

6行目、2つ目の表の2列目の1行目に、それぞれテキストコントロールを挿入します。

③1つ目の表の2列目の2行目の、「Quality品質」の先頭にカーソルを移動して、**[開発]** タブの ☑ **[チェックボックスコンテンツコントロール]** ボタンをクリックします。

④③と同様の操作で、「Cost費用」、「Delivery納期」の先頭に、それぞれチェックボックスコンテンツコントロールを挿入します。

7. 挿入した各コンテンツコントロールのみ入力または選択できるよう、文書に保護を設定します。

①**[開発]** タブの **[編集の制限]** ボタンをクリックします。

②**[編集の制限]** 作業ウインドウの **[ユーザーに許可する編集の種類を指定する]** チェックボックスをオンにし、下のボックスの▼をクリックして **[フォームへの入力]** をクリックします。

③**[編集の制限]** 作業ウインドウの **[はい、保護を開始します]** をクリックします。

④**[保護の開始]** ダイアログボックスでパスワードは設定しないで、**[OK]** をクリックします。

文書を保護すると、コンテンツコントロールのみ入力または選択することができ、他の文字列や表内は入力または選択することができなくなります。文書を保護している場合は、次のキー操作をすると効率よく入力または選択することができます。

　ドロップダウンリストの表示 Alt＋↓キー
　次のコンテンツコントロールへ移動 ↓キー
　前のコンテンツコントロールへ移動 ↑キー

---

8. テンプレート形式で保存します。

①**[ファイル]** タブをクリックし、**[エクスポート]** をクリックします。

②**[ファイルの種類の変更]** をクリックし、**[テンプレート]** をクリックして **[名前を付けて保存]** をクリックします。

③**[名前を付けて保存]** ダイアログボックスの左側の領域で **[ドキュメント]** をクリックし、**[Officeのカスタムテンプレート]** をクリックします。

④**[ファイルの種類]** ボックスに「Wordテンプレート」と表示されていることを確認して、「業務改善提案書W」という名前で保存します。

応用問題 43 提案（営業力強化研修）

1. 文章を入力します。

①1行目に宛先を入力して、空行を12行入れます。

②14行目にタイトルを入力して、空行を14行入れます。

③29行目に提案日を入力して、空行を1行入れます。

④提案者を入力します。

⑤Ctrl＋Enterキーを押して改ページを挿入します。

⑥「拝啓～敬具」の文章を入力します。

⑦Ctrl＋Enterキーを押して改ページを挿入します。

⑧「現状の問題点」から「ご提案する研修の概要」までを入力します。

⑨Ctrl＋Enterキーを押して改ページを挿入します。

⑩「スケジュール概要」から「以上」までを入力します。

2. 書式を設定します。

①すべての行を選択し、**[ホーム]** タブの 游明朝 (本文○ **[フォント]** ボックスの▼をクリックして **[游ゴシック]** をクリックします。

②**[ホーム]** タブの 10.5 ▽ **[フォントサイズ]** ボックスの▼をクリックして **[11]** をクリックします。

③**[ホーム]** タブの **[段落]** グループの右下の **[段落の設定]** ボタンをクリックします。

④**[段落]** ダイアログボックスの **[インデントと行間隔]** タブの **[1ページの行数を指定時に文字を行グリッド線に合わせる]** のチェックを外して **[OK]** をクリックします。

⑤1ページ目のタイトルの行を行単位で選択し、**[ホーム]** タブの 10.5 ▽ **[フォントサイズ]** ボックスの▼をクリックして **[24]** をクリックします。

⑥**[ホーム]** タブの ≡ **[中央揃え]** ボタンと **B** **[太字]** ボタンをクリックします。

⑦**[ホーム]** タブの ▦▾ **[罫線]** ボタンの▼をクリックし、**[線種とページ罫線と網かけの設定]** をクリックします。

⑧**[線種とページ罫線と網かけの設定]** ダイアログボックスの **[罫線]** タブの **[設定対象]** ボックスに「段落」と表示されていることを確認します。

⑨**[種類]** の **[指定]** をクリックし、**[色]** ボックスの ▽ をクリックして **[オレンジ、アクセント2、黒＋基本色25％]** をクリックします。

⑩**[線の太さ]** ボックスの ▽ をクリックして **[6pt]** をクリックし、**[プレビュー]** の上罫線と下罫線のボタンをクリックして **[OK]** をクリックします。

⑪1ページ目の提案日と提案者の行を行単位で選択

し、[ホーム] タブの ≡ [右揃え] ボタンをクリックします。

⑫2ページ目の主文「さて～よろしくお願い申し上げます。」までを行単位で選択し、[ホーム] タブの [段落] グループの右下の ⌐ [段落の設定] ボタンをクリックします。

⑬[段落] ダイアログボックスの [インデントと行間隔] タブの [最初の行] ボックスの ∨ をクリックし、[字下げ] をクリックします。

⑭[幅] ボックスに「1字」と表示されていることを確認し、[OK] をクリックします。

⑮3ページ目の1行目「現状の問題点（お伺いした内容の確認）」を行単位で選択し、[ホーム] タブの 10.5 ∨ [フォントサイズ] ボックスの▼をクリックして [16] をクリックし、B [太字] ボタンをクリックします。

⑯[ホーム] タブの ⊞ ▾ [罫線] ボタンの▼をクリックし、[線種とページ罫線と網かけの設定] をクリックします。

⑰[線種とページ罫線と網かけの設定] ダイアログボックスの [網かけ] タブをクリックして、[設定対象] ボックスに「段落」と表示されていることを確認します。

⑱[網かけ] の [背景の色] ボックスの ∨ をクリックして [オレンジ、アクセント2、白＋基本色60%] をクリックし、[OK] をクリックします。

⑲[ホーム] タブの ❖書式のコピー/貼り付け [書式のコピー/貼り付け] ボタンをダブルクリックします。

⑳3ページ目の「営業力強化へのご要望（お伺いした内容の確認）」、「受講対象者」、「ご提案する研修の概要」、4ページ目の「スケジュール概要」、「費用（税別）」の行をクリックして、同じ書式が設定されたことを確認します。

㉑Escキーを押して終了します。

㉒4ページ目の「以上」の行を行単位で選択し、[ホーム] タブの ≡ [右揃え] ボタンをクリックします。

3. 箇条書きの行頭文字や段落番号とタブ位置を設定します。

①3ページ目の「現状の問題点（お伺いした内容の確認）」の内容として入力した箇条書き部分3行を行単位で選択し、[ホーム] タブの ⋮≡ ▾ [箇条書き] ボタンの▼をクリックして [●] をクリックします。

②3ページ目の「受講対象者」の内容として入力した3行を行単位で選択し、[ホーム] タブの [段落] グループの右下の ⌐ [段落の設定] ボタンをク

リックします。

③[段落] ダイアログボックスの [インデントと行間隔] タブの [タブ設定] をクリックします。

④[タブとリーダー] ダイアログボックスの [タブ位置] ボックスに「25字」と入力し、[配置] の [右揃え] をクリックして [リーダー] の [……(5)] をクリックします。

⑤[設定] をクリックして [OK] をクリックします。

⑥3ページ目の「ご提案する研修の概要」の内容として入力した「お客様を知る」の行を行単位で選択し、[ホーム] タブの B [太字] ボタンをクリックします。

⑦[ホーム] タブの ⋮≡ ▾ [段落番号] ボタンの▼をクリックして、[1.2.3.] の形式の段落番号をクリックします。「1. お客様を知る」になったのを確認します。

⑧[ホーム] タブの ❖書式のコピー/貼り付け [書式のコピー/貼り付け] ボタンをダブルクリックします。

⑨3ページ目の「ご提案する研修の概要」の内容として入力した「自社の提供価値を考える」と「課題解決型ストーリーで提案する」の行をクリックして、「2. 自社の提供価値を考える」、「3. 課題解決型ストーリーで提案する」になったことを確認します。

⑩Escキーを押して終了します。

⑪4ページ目の「費用（概算）」の内容として入力した「講師派遣料」から「合計」の3行を行単位で選択し、[ホーム] タブの [段落] グループの右下の ⌐ [段落の設定] ボタンをクリックします。

⑫[段落] ダイアログボックスの [インデントと行間隔] タブの [タブ設定] をクリックします。

⑬[タブとリーダー] ダイアログボックスの [タブ位置] に「30字」と入力し、[配置] の [右揃え] をクリックします。

⑭[設定] をクリックして [OK] をクリックします。

4. ファイル「スケジュール概要」から図と文章をコピーして貼り付けます。

①PowerPointを起動し、[他のプレゼンテーションを開く] をクリックします。

②[参照] をクリックします。

③[ファイルを開く] ダイアログボックスでファイル「スケジュール概要」をクリックし、[開く] をクリックします。

④1ページ目のスライドのタイトル以外の全てをドラッグして複数選択し、[ホーム] タブの 🗐 ▾ [コ

ピー] ボタンをクリックします。

⑤タスクバーの [文書1-Word] をクリックします。

⑥4ページ目の5行目（空行3行の中央）にカーソル
を移動して、[ホーム] タブの ▤ [貼り付け] ボ
タンの▼をクリックして、[貼り付けオプション]
の [図] をクリックします。

⑦位置や大きさを調整します。

⑧手順①〜⑦で挿入した図の下の行にカーソルを移
動してEnterキーを押して行を追加し、「【備考】」
と入力します。

⑨タスクバーの [スケジュール概要-PowerPoint]
をクリックして、2ページ目のスライドを表示し
ます。

⑩2ページ目のスライドの文章3行を選択し、[ホー
ム]タブの ▤ ▾ [コピー] ボタンをクリックします。

⑪タスクバーの [文書1-Word] をクリックします。

⑫4ページ目の「【備考】」の最後にカーソルを移動
してEnterキーを押して行を追加し、[ホーム] タ
ブの ▤ [貼り付け] ボタンの▼をクリックして [貼
り付けオプション]の[テキストのみ保持]をクリッ
クします。

⑬Enterキーを押して行を追加します。

5. ページ番号の設定をします。

①表紙のページをクリックします。

②[挿入] タブの ▤ ページ番号 ▾ [ページ番号] ボタン
をクリックし、[ページの下部]をポイントして [シ
ンプル] の [番号のみ2] をクリックします。

③挿入したページ番号を右クリックし、ショートカッ
トメニューの [ページ番号の書式設定] をクリッ
クします。

④[ページ番号の書式] ダイアログボックスの [開始
番号] ボックスを [0] に設定し、[OK] をクリッ
クします。

⑤[ヘッダー /フッターツール] の [デザイン] タブ
の [先頭ページのみ別指定] チェックボックスを
オンにします。

⑥[ヘッダー /フッターツール] の [デザイン] タブ
の [ヘッダーとフッターを閉じる] ボタンをクリッ
クします。

第5章
【社内外】パンフレット・ポスター

基礎問題 44 ポスター（経営方針）

1.

①[レイアウト] タブの ▯ [余白] ボタンをクリッ
クし、[やや狭い] をクリックします。

2.

①すべての行を選択し、[ホーム] タブの
游明朝 (本文 ▾ [フォント] ボックスの▼をクリック
して [HG正楷書体-PRO] をクリックします。

②[ホーム] タブの � [太字] ボタンをクリックし
ます。

3.

①すべての行を選択し、[ホーム] タブの ▤ [中央
揃え] ボタンをクリックします。

②[ホーム] タブの [段落] グループの右下の ▫ [段
落の設定] ボタンをクリックします。

③[段落] ダイアログボックスの [レイアウトと行間
隔] タブの [1ページの行数を指定時に文字を行
グリッド線に合わせる] のチェックを外して [OK]
をクリックします。

4.

①1 〜 3行目を行単位で選択し、[ホーム] タブの
10.5 ▾ [フォントサイズ] ボックスの▼をクリッ
クして [36] をクリックします。

②4行目を行単位で選択し、[ホーム] タブの 10.5 ▾
[フォントサイズ] ボックスに 「90」 と入力します。

③5 〜 9行目を行単位で選択し、[ホーム] タブの
10.5 ▾ [フォントサイズ] ボックスの▼をクリッ
クして [28] をクリックします。

5.

①4行目を行単位で選択し、[ホーム] タブの ▤ ▾ [文
字の効果と体裁] ボタンの▼をクリックして [文
字の輪郭] をポイントし、[標準の色] の [濃い赤]
をクリックします。

②[ホーム] タブの ▤ ▾ [文字の効果と体裁] ボタ
ンの▼をクリックして [影] をポイントし、[外側]
の [オフセット（右下）] をクリックします。

③[ホーム] タブの ▤ ▾ [文字の効果と体裁] ボタ

ンの▼をクリックして［光彩］をポイントし、［光彩：18pt：オレンジ、アクセントカラー2］をクリックします。

6.

①5行目を行単位で選択し、［ホーム］タブの ⊞▾ ［罫線］ボタンの▼をクリックして［線種とページ罫線と網かけの設定］をクリックします。

②［線種とページ罫線と網かけの設定］ダイアログボックスの［網かけ］タブをクリックし、［設定対象］ボックスに「段落」と表示されていることを確認します。

③［網かけ］の［背景の色］ボックスの ∨ をクリックして［標準の色］の［濃い赤］をクリックし、［OK］をクリックします。

④［ホーム］タブの A▾ ［フォントの色］ボタンの▼をクリックして［白、背景1］をクリックします。

7.

①9行目にカーソルを移動して、［挿入］タブの ▦ ［画像］ボタンをクリックし、［図の挿入］ダイアログボックスで画像ファイル「EFGHロゴ」を選択して、［挿入］をクリックします。

②ロゴの大きさを調節します。

8.

①［デザイン］タブの ▦ ［ページの色］ボタンの▼をクリックして［オレンジ、アクセント2、白＋基本色80％］をクリックします。

9.

①4行目を行単位で選択して、［ホーム］タブの［段落］グループの右下の ⊾ ［段落の設定］ボタンをクリックします。

②［段落］ダイアログボックスの［インデントと行間隔］タブの［間隔］の［段落前］ボックスを［1.5行］、［段落後］ボックスを［2行］に設定して［OK］をクリックします。

③手順①〜②と同様の操作で5行目の［段落前］ボックスを［0行］、［段落後］ボックスを［2行］に設定します。

④手順①〜②と同様の操作で6〜8行目の［段落前］ボックスを［0行］、［段落後］ボックスを［1.5行］に設定します。

⑤手順①〜②と同様の操作で9行目の［段落前］ボックスを［3行］、［段落後］ボックスを［0行］に設

定します。

基礎問題 45 パンフレット（新製品体験会）

1.

①［レイアウト］タブの ▦ ［余白］ボタンをクリックし、［やや狭い］をクリックします。

2.

①すべての行を選択し、［ホーム］タブの 游明朝 (本文(∨ ［フォント］ボックスの▼をクリックして［游ゴシック］をクリックします。

3.

①すべての行を選択し、［ホーム］タブの［段落］グループの右下の ⊾ ［段落の設定］ボタンをクリックします。

②［段落］ダイアログボックスの［インデントと行間隔］タブの［1ページの行数を指定時に文字を行グリッド線に合わせる］のチェックを外して［OK］をクリックします。

4.

①1〜2行目を行単位で選択し、［ホーム］タブの 10.5 ∨ ［フォントサイズ］ボックスの▼をクリックして［18］をクリックします。

②手順①と同様の操作で3〜4行目を［36］に設定します。

③手順①と同様の操作で20行目と28〜29行目を［16］に設定します。

④手順①と同様の操作で30行目を［18］に設定します。

5.

①3〜4行目を行単位で選択し、［ホーム］タブの ▤ ［中央揃え］ボタンをクリックします。

6.

①3行目、12行目、15行目、30行目を行単位で選択し、［ホーム］タブの B ［太字］ボタンをクリックします。

7.

①1〜4行目、12行目、15行目、20行目、28行目を行単位で選択し、［ホーム］タブの A▾ ［フォントの色］ボタンの▼をクリックして［その他の色］

をクリックします。

②[色の設定]ダイアログボックスの[ユーザー設定]タブをクリックします。

③[カラーモデル]が[RGB]になっているのを確認して[赤]に「204」、[緑]に「0」、[青]に「102」を設定し、[OK]をクリックします。

8.

①「ご来場の際に本パンフレットをご持参の方には各日先着200名様にミニプレゼント」を文字単位で選択し、[ホーム]タブの B [太字]ボタンをクリックします。

②[ホーム]タブの A・ [フォントの色]ボタンの▼をクリックして[その他の色]をクリックします。

③[色の設定]ダイアログボックスの[ユーザー設定]タブをクリックします。

④[カラーモデル]が[RGB]になっているのを確認して[赤]に「128」、[緑]に「0」、[青]に「128」を設定し、[OK]をクリックします。

9.

①ヘッダー部分をダブルクリックします。ヘッダーが編集できる状態になります。

②[挿入]タブの [画像]ボタンをクリックし、[図の挿入]ダイアログボックスで画像ファイル「ピンク」を選択して[挿入]をクリックします。

③[図ツール]の[書式]タブの 文字列の折り返し・ [文字列の折り返し]ボタンをクリックして[背面]をクリックします。

④完成例を参考に、画像の大きさを調節します。

⑤ヘッダー以外のところでダブルクリックして、ヘッダーの編集を完了します。

10.

①12～18行目を行単位で選択して、[ホーム]タブの ・ [罫線]ボタンの▼をクリックし、[線種とページ罫線と網かけの設定]をクリックします。

②[線種とページ罫線と網かけの設定]ダイアログボックスの[網かけ]タブをクリックし、[設定対象]ボックスに「段落」と表示されていることを確認します。

③[網かけ]の[背景の色]ボックスの ∨ をクリックし、[その他の色]をクリックします。

④[色の設定]ダイアログボックスの[ユーザー設定]タブをクリックします。

⑤[カラーモデル]が[RGB]になっているのを確認して[赤]に「250」、[緑]に「235」、[青]に「255」を設定し、[OK]をクリックします。

⑥[OK]をクリックします。

11.

①27行目にカーソルを移動します。

②[挿入]タブの [画像]ボタンをクリックし、[図の挿入]ダイアログボックスで画像ファイル「女性」を選択して[挿入]をクリックします。

③[図ツール]の[書式]タブの 文字列の折り返し・ [文字列の折り返し]ボタンをクリックして[前面]をクリックします。

④画像の位置と大きさを調節します。

基礎問題 **46** パンフレット（ボランティア募集）

1.

①[レイアウト]タブの [余白]ボタンの▼をクリックし、[ユーザー設定の余白]をクリックします。

②[余白]ダイアログボックスの[上]、[下]のボックスを[10mm]、[右]、[左]のボックスを[20mm]に設定して[OK]をクリックします。

2.

①すべての行を選択し、[ホーム]タブの[フォント]グループの右下の [フォント]ボタンをクリックします。

②[フォント]ダイアログボックスの[フォント]タブの[日本語用のフォント]の ∨ をクリックして[HG丸ゴシックM-PRO]を選択し、[英数字用のフォント]の ∨ をクリックして[Arial]を選択して[OK]をクリックします。

3.

①1行目と3行目を行単位で選択し、[ホーム]タブの [右揃え]ボタンをクリックします。

②「ハロウィンイベントボランティア募集」の行、「キリトリ線」の行、「ボランティア申込書」の行を行単位で選択し、[ホーム]タブの [中央揃え]ボタンをクリックします。

4.

①2行目を行単位で選択し、[ホーム]タブの 10.5 ∨ [フォントサイズ]ボックスの▼をクリックして[18]をクリックします。

②手順①と同様の操作で「ハロウィンイベントボランティア募集」の行を [28] に設定します。

③手順①と同様の操作で「ハロウィンイベント概要」の行と「ボランティア募集内容」の行を [12] に設定します。

④手順①と同様の操作で「ボランティア申込書」の行を [16] に設定します。

5.

①「ハロウィンイベント概要」の行と「ボランティア募集内容」を行単位で選択し、[ホーム] タブの B [太字] ボタンをクリックします。

6.

①6行目の「10月10日までに」を文字単位で選択し、[ホーム] タブの B [太字] ボタンをクリックします。

②[ホーム] タブの U [下線] ボタンの▼をクリックして [二重下線] をクリックします。

③[ホーム] タブの U [下線] ボタンの▼をクリックして [下線の色] をポイントし、[標準の色] の [濃い赤] をクリックします。

7.

①13～14行目を行単位で選択し、[ホーム] タブの [段落] グループの右下の [段落の設定] ボタンをクリックします。

②[段落] ダイアログボックスの [インデントと行間隔] タブの [タブ設定] をクリックします。

③[タブとリーダー] ダイアログボックスの [タブ位置] ボックスに「10字」と入力します。

④[配置] の [左揃え] が選択されているのを確認して [設定] をクリックします。

⑤[タブ位置] ボックスに「20字」と入力します。

⑥[配置] の [左揃え] が選択されているのを確認して [設定] をクリックし、[OK] をクリックします。

8.

①16～19行目と31～34行目を行単位で選択し、[ホーム] タブの [段落] グループの右下の [段落の設定] ボタンをクリックします。

②[段落] ダイアログボックスの [インデントと行間隔] タブの [タブ設定] をクリックします。

③[タブとリーダー] ダイアログボックスの [タブ位置] に「15字」と入力します。

④[配置] の [左揃え] が選択されているのを確認し

て [設定] をクリックし、[OK] をクリックします。

9.

①「キリトリ線」の行を行単位で選択します。

②[ホーム] タブの [罫線] ボタンの▼をクリックし、[線種とページ罫線と網かけの設定] をクリックします。

③[線種とページ罫線と網かけの設定] ダイアログボックスの[罫線]タブの[設定対象]ボックスに「段落」と表示されていることを確認します。

④[種類] の [指定] をクリックし、[種類] ボックスの「点線」をクリックして [プレビュー] の下罫線のボタンをクリックし、[OK] をクリックします。

10.

①4行目にカーソルを移動して [挿入] タブの [画像] ボタンをクリックし、[図の挿入] ダイアログボックスで画像ファイル「ハロウィンの旗」を選択して [挿入] をクリックします。

②[ホーム] タブの [中央揃え] ボタンをクリックします。

11.

①11行目にカーソルを移動して [挿入] タブの [画像] ボタンをクリックし、[図の挿入] ダイアログボックスで画像ファイル「ハロウィンイラスト」を選択して [挿入] をクリックします。

②[図ツール] の [書式] タブの 文字列の折り返し [文字列の折り返し] ボタンをクリックして [前面] をクリックします。

③画像の位置と大きさを調節します。

基礎問題 47 ポスター（イベント参加者募集）

1.

①[レイアウト] タブの [余白] ボタンをクリックし、[狭い] をクリックします。

2.

①3行目以降のすべての行を行単位で選択して、[ホーム] タブの [段落] グループの右下の [段落の設定] ボタンをクリックします。

②[段落] ダイアログボックスの [インデントと行間隔] タブの [インデント] の [左]、[右] のボックスを [3字] に設定して [OK] をクリックします。

3.

①すべての行を選択し、[ホーム] タブの 游明朝 (本文C▽) [フォント] ボックスの▼をクリックして [HG創英角ゴシックUB] をクリックします。

4.

①すべての行を選択し、[ホーム] タブの [段落] グループの右下の ⌐ [段落の設定] ボタンをクリックします。

②[段落] ダイアログボックスの [インデントと行間隔] タブの [1ページの行数を指定時に文字を行グリッド線に合わせる] のチェックを外して [OK] をクリックします。

5.

①1～2行目を行単位で選択し、[ホーム] タブの 10.5 ▽ [フォントサイズ] ボックスの▼をクリックして [72] をクリックします。

②手順①と同様の操作で「ご好評をいただいて～ぜひご参加ください。」の行を [16] に設定します。

③手順①と同様の操作で「テーマ」～「事務局」の行を [16] に設定します。

6.

①「テーマ」、「日時」、「場所」、「参加費」、「申込方法」、「申込期限」、「事務局」を文字単位で選択し、[ホーム] タブの ⌷ [均等割り付け] ボタンをクリックします。

②[文字の均等割り付け] ダイアログボックスの [新しい文字列の幅] ボックスを [4字] に設定し、[OK] をクリックします。

7.

①1～3行目を行単位で選択し、[ホーム] タブの ☰ [中央揃え] ボタンをクリックします。

②[ホーム] タブの A▾ [文字の効果と体裁] ボタンの▼をクリックして [塗りつぶし：青、アクセントカラー5；輪郭：白、背景色1；影（ぼかしなし）：青、アクセントカラー5]（3列目の中央）をクリックします。

③[ホーム] タブの A▾ [フォントの色] ボタンの▼をクリックし、[オレンジ、アクセント2] をクリックします。

④[ホーム] タブの A▾ [文字の効果と体裁] ボタンの▼をクリックし、[影] をポイントして [影のオプション] をクリックします。

⑤[文字の効果の設定] 作業ウインドウの [色] ボタンの▼をクリックして、[オレンジ、アクセント2、白＋基本色40%] をクリックします。

8.

①PowerPointを起動し、[他のプレゼンテーションを開く] をクリックします。

②[参照] をクリックします。

③[ファイルを開く] ダイアログボックスでファイル「海外の暮らしを知る」をクリックし、[開く] をクリックします。

④完成例を参考に、スライドの必要な部分をドラッグして複数選択し、[ホーム] タブの ⧉▾ [コピー] ボタンをクリックします。

⑤タスクバーの [文書1-Word] をクリックします。

⑥11行目（空行3行の中央）にカーソルを移動し、[ホーム] タブの ⧉ [貼り付け] ボタンの▼をクリックして [図] をクリックします。

⑦位置や大きさを調整します。

⑧[ホーム] タブの ☰ [中央揃え] ボタンをクリックします。

9.

①[デザイン]タブの ⧉ [ページ罫線]ボタンをクリックします。

②[線種とページ罫線と網かけの設定] ダイアログボックスの [ページ罫線] タブの [囲む] をクリックします。

③[色] ボックスの ▽ をクリックして [オレンジ、アクセント2] をクリックします。

④[線の太さ] ボックスの ▽ をクリックして [6pt] をクリックします。

⑤[ページ罫線] タブの [設定対象] が [文書全体] になっているのを確認して [OK] をクリックします。

応用問題 48 ポスター（社内交流会のご案内）

1. 文章を入力します。

①入力例を参考に、サブタイトル、タイトルを入力します。

②空行を1行入れます。後でSmartArtグラフィックを挿入する位置になります。

③入力例を参考に、日時、定員、申込方法、事務局を入力します。

④積極的な参加を促す文章を考えて入力します。

2. ページ設定をします。

①[**レイアウト**] タブの [余白] ボタンをクリックし、[**狭い**] をクリックします。

3. 書式を設定します。

①すべての行を選択し、[**ホーム**] タブの [**フォント**] ボックスの▼をクリックして [HGP創英角ゴシックUB] をクリックします。

②[**ホーム**] タブの [**中央揃え**] ボタンをクリックします。

③[**ホーム**] タブの [**段落**] グループの右下の [**段落の設定**] ボタンをクリックします。

④[**段落**] ダイアログボックスの [**インデントと行間隔**] タブの [**1ページの行数を指定時に文字を行グリッド線に合わせる**] のチェックを外して [**OK**] をクリックします。

⑤1行目のサブタイトルを行単位で選択し、[**ホーム**] タブの [**フォントサイズ**] ボックスの▼をクリックして [**48**] をクリックします。

⑥2行目のタイトルを行単位で選択し、[**ホーム**] タブの [**フォントサイズ**] ボックスに「80」と入力します。

⑦手順⑤と同様の操作で4～5行目を [**48**] に設定します。

⑧手順⑤と同様の操作で6～7行目を [**36**] に設定します。

⑨手順⑤と同様の操作で、8行目を [**26**] に設定します。

⑩手順⑤と同様の操作で9～10行目を [**20**] に設定します。

⑪1～2行目と8～10行目を行単位で選択し、[**ホーム**] タブの [**罫線**] ボタンの▼をクリックして [**線種とページ罫線と網かけの設定**] をクリックします。

⑫[**線種とページ罫線と網かけの設定**] ダイアログボックスの [**網かけ**] タブをクリックし、[**設定対象**] ボックスに「段落」と表示されていることを確認します。

⑬[**網かけ**] の [**背景の色**] ボックスの▽をクリックして [**標準の色**] の [**青**] をクリックし、[**OK**] をクリックします。

⑭[**ホーム**] タブの [**フォントの色**] ボタンの▼をクリックして、[**白、背景1**] をクリックします。

⑮[**ホーム**] タブの [**文字の効果と体裁**] ボタンの▼をクリックし、[**影**] をポイントして [**外側**] の [**オフセット（右下）**] をクリックします。

4. SmartArtグラフィックスを挿入して図を作成します。

①3行目の空行にカーソルを移動して、[**挿入**] タブの [SmartArt] ボタンをクリックします。

②[**SmartArtグラフィックの挿入**] ダイアログボックスの [**リスト**] をクリックし、[**縦方向カーブリスト**] をクリックして [**OK**] をクリックします。

③[**縦方向カーブリスト**] に上から順に「営業職の仕事紹介」、「技術職の仕事紹介」、「チーム単位でQ&A」と入力します。

④SmartArtグラフィック全体を選択し、[**SmartArtツール**] の [**デザイン**] タブの [**色の変更**] の▼をクリックして [**カラフル**] の [**カラフル-全アクセント**] をクリックします。

⑤[**ホーム**] タブの [**フォントサイズ**] ボックスの▼をクリックして、[**40**] をクリックします。

⑥[**ホーム**] タブの [**フォント**] ボックスの▼をクリックして [HGP創英角ゴシックUB] をクリックします。

⑦[**ホーム**] タブの [**文字の効果と体裁**] ボタンの▼をクリックし、[**影**] をポイントして [**外側**] の [**オフセット（右下）**] をクリックします。

応用 問題 49 パンフレット（フェアのご案内）

1. ファイルを開きます。

①Wordを起動し、[**他の文書を開く**] をクリックします。

②[**参照**] をクリックします。

③[**ファイルを開く**] ダイアログボックスでファイル「問題49」をクリックし、[**開く**] をクリックします。

④手順①～③と同様の操作で、ファイル「フェア内容情報」を開きます。

2. ファイル「問題49」に問題文に従って情報を入力します。

①1～2行目にフェアタイトルを入力します。

②3行目にサブタイトルを入力します。

③日程を入力します。

④申込方法を入力します。

⑤事務局の情報を入力します。

3. ファイル「問題49」にファイル「フェア内容情報」から情報を転記します。

①ファイル「フェア内容情報」の基調講演タイトル

「「人材が企業価値を決める」」を選択して、[ホーム] タブの [コピー] ボタンをクリックします。

②ファイル「問題49」の1ページ目の「基調講演タイトル」の文字を選択し、[ホーム] タブの [貼り付け] ボタンの▼をクリックして [貼り付けオプション] の [テキストのみ保持] ボタンをクリックします。

③ファイル「問題49」に設定されている書式を変えずに基調講演タイトルが貼り付けられたことを確認します。

④手順①～③と同様の操作でファイル「フェア内容情報」の基調講演に関する情報をすべてファイル「問題49」の1ページ目の基調講演の枠内に転記します。

⑤手順①～③と同様の操作でファイル「フェア内容情報」のA会場情報、B会場情報をすべてファイル「問題49」の2ページ目のA会場スケジュール、B会場スケジュールの枠内に転記します。

4. 書式を設定します。

①申込方法にある「http://efgh-solutions××.co.jp/fair001/」を選択し、[ホーム] タブの 10.5 [フォントサイズ] ボックスの▼をクリックして [18] をクリックします。

応用 問題 **50** ポスター (講習会参加者募集)

1. 文章を入力します。

①日時、場所、定員を入力します。

②申込方法と、その注意事項 (定員を超えた場合の対応と参加可否の連絡方法) を入力します。

③申込期限、事務局を入力します。

④備考として、服装の注意事項と花の種プレゼントについて入力します。

⑤協賛を入力します。

2. ページ設定をします。

①[レイアウト] タブの [余白] ボタンをクリックし、[狭い] をクリックします。

3. 書式を設定します。

①すべての行を選択し、[ホーム] タブの 游明朝 (本文) [フォント] ボックスの▼をクリックして [游ゴシック] をクリックします。

②[ホーム] タブの [段落] グループの右下の [段落の設定] ボタンをクリックします。

③[段落] ダイアログボックスの [インデントと行間隔] タブの [1ページの行数を指定時に文字を行グリッド線に合わせる] のチェックを外します。

④[段落] ダイアログボックスの [インデントと行間隔] タブの [タブ設定] をクリックします。

⑤[タブとリーダー] ダイアログボックスの [タブ位置] ボックスに「8字」と入力します。

⑥[配置] の [左揃え] が選択されているのを確認し、[設定] をクリックして [OK] をクリックします。

⑦1～3行目を行単位で選択し、[ホーム] タブの 10.5 [フォントサイズ] ボックスの▼をクリックして [28] をクリックします。

⑧[ホーム] タブの B [太字] ボタンをクリックします。

⑨手順⑦と同様の操作で4～11行目を [14] に設定します。

4. ファイル「講習会タイトル」から、タイトルをコピーして貼り付けます。

①PowerPointを起動し、[他のプレゼンテーションを開く] をクリックします。

②[参照] をクリックします。

③[ファイルを開く] ダイアログボックスでファイル「講習会タイトル」をクリックし、[開く] をクリックします。

④スライド内にある図形をすべて選択して [ホーム] タブの [コピー] ボタンをクリックします。

⑤タスクバーの [文書1-Word] をクリックします。

⑥1行目の先頭にカーソルを移動し、[ホーム] タブの [貼り付け] ボタンの▼をクリックして [図] をクリックします。

⑦挿入した図を選択し、[図ツール] の [書式] タブの [位置] ボタンをクリックして [文字列の折り返し] の [中央上に配置し、四角の枠に沿って文字列を折り返す] をクリックします。

⑧位置や大きさを調整します。

5. 図形を描いて、画像ファイルで塗りつぶします。

①[挿入] タブの [図形] ボタンの▼をクリックして [星とリボン] の [波線] をクリックします。

②ページ下部の空いているところでドラッグして、ページの横幅いっぱいに波線を描きます。

③波線の黄色いハンドルをドラッグして形を整えます。

④[描画ツール] の [書式] タブの 文字列の折り返し [文字列の折り返し] ボタンをクリックして [前面]

が選択されているのを確認し、[ページ上で位置を固定する] をクリックします。

⑤ [描画ツール] の [書式] タブの ［図形の塗りつぶし▼］ [図形の塗りつぶし] の▼をクリックして [塗りつぶしの色] をクリックします。

⑥ [色の設定] ダイアログボックスの [ユーザー設定] タブをクリックします。

⑦ [カラーモデル] が [RGB] になっているのを確認して [赤] に「159」、[緑] に「230」、[青] に「255」を設定し、[OK] をクリックします。

⑧ [描画ツール] の [書式] タブの ［図形の枠線▼］ [図形の枠線] ボタンの▼をクリックして [枠線なし] をクリックします。

⑨ [挿入] タブの ［図形］ [図形] ボタンの▼をクリックして [基本図形] の [円/楕円] をクリックします。

⑩ページ下部の空いているところでShiftキーを押しながらドラッグして正円を描きます。

⑪ [描画ツール] の [書式] タブの ［文字列の折り返し▼］ [文字列の折り返し] ボタンをクリックして [前面] が選択されているのを確認し、[ページ上で位置を固定する] をクリックします。

⑫Ctrlキーを押しながら手順⑨～⑪で描いた円をドラッグして3つコピーし、4つの円を波線の図形の上に並べます。

⑬一番左の円を選択し、[描画ツール] の [書式] タブの ［図形の塗りつぶし▼］ [図形の塗りつぶし] ボタンの▼をクリックして [図] をクリックします。

⑭ [画像の挿入] の [ファイルから] をクリックし、[図の挿入] ダイアログボックスで画像ファイル「花-1」をクリックして [挿入] をクリックします。

⑮手順⑬～⑭と同様の操作で左から2番目の円を画像ファイル「花-2」、左から3番目の円を画像ファイル「花-3」、一番右の円を画像ファイル「花-4」で塗りつぶします。

⑯4つの円を選択し、[描画ツール] の [書式] タブの ［図形の枠線▼］ [図形の枠線] ボタンの▼をクリックして [枠線なし] をクリックします。

⑰ [描画ツール] の [書式] タブの ［図形の効果▼］ [図形の効果] ボタンをクリックし、[標準スタイル] をポイントして [標準スタイル2] をクリックします。

●著者紹介

山﨑　紅（やまざき　あかし）

人材開発コンサルタント
富士ゼロックス株式会社にて、営業部門のシステムエンジニアとして製造業の設計図書管理・マニュアルコンサルティングに従事後、営業本部ソリューション営業力強化チーム長として課題解決型営業育成、人事本部人材開発戦略グループ長として全社人材開発戦略立案・実行を担当。その後、変革マネジメント部にて全社改革プロジェクトリーダーとして、コミュニケーション改革、働き方改革に従事したのち独立。コミュニケーションと人材を切り口に企業改革を進めるコンサルタントとして活動中。官公庁、民間企業、大学など幅広く指導。日経ビジネススクールをはじめとして講演多数。主な著書に「情報利活用プレゼンテーション」「求められる人材になるための社会人基礎力講座（第2版）」「企業が生まれ変わるための働き方改革実践ガイド」「小学生からはじめる　考える力が身につく本－ロジカルシンキング－」がある。

成蹊大学　経営学部　客員教授
一般社団法人 社会人基礎力協議会　研究委員会副委員長
一般社団法人 日本テレワーク協会　客員研究員
経済産業省推進資格ITコーディネータ
一般社団法人 日本経営協会認定　情報資産管理指導者
日本ホスピタリティ推進協会認定　ホスピタリティ・コーディネータ

■本書についての最新情報、訂正、重要なお知らせについては下記Webページを開き、書名もしくはISBNで検索してください。
　　https://bookplus.nikkei.com/catalog/

■本書に掲載した内容についてのお問い合わせは、下記Webページのお問い合わせフォームからお送りください。電話およびファクシミリによるご質問には一切応じておりません。なお、本書の範囲を超えるご質問にはお答えできませんので、あらかじめご了承ください。ご質問の内容によっては、回答に日数を要する場合があります。
　　https://nkbp.jp/booksQA

Word 2019ビジネス活用ドリル

2020年 4月27日　初版第1刷発行
2024年 3月25日　初版第3刷発行

著　　　者：山﨑 紅
発　行　者：中川 ヒロミ
発　　　行：日経BP
　　　　　　〒105-8308　東京都港区虎ノ門4-3-12
発　　　売：日経BPマーケティング
　　　　　　〒105-8308　東京都港区虎ノ門4-3-12
装　　　丁：折原カズヒロ
本文デザイン
制　　　作：持田 美保
印　　　刷：大日本印刷株式会社

・本書に記載している会社名および製品名は、各社の商標または登録商標です。なお、本文中に™、®マークは明記しておりません。
・本書の例題または画面で使用している会社名、氏名、他のデータは、一部を除いてすべて架空のものです。

ISBN978-4-8222-8640-8　　Printed in Japan